Autour de PARIS

20 balades à portée de passe Navigo®

avec Enlarge your Paris

hachette

Sommaire

Balades à vélo

Informations pratiques

Infos Covid-19

Toutes les informations de ce guide ont été scrupuleusement actualisées. Néanmoins, compte tenu du contexte sanitaire, de nombreux sites sont amenés à restreindre leurs horaires d'ouverture, parfois à fermer l'accès à certaines salles ou à suspendre provisoirement démonstrations ou activités. Les consignes évoluent régulièrement. Nous vous recommandons de vérifier les horaires et conditions de visite de chaque lieu et adresse sur leur site internet ou leur page Facebook. Par ailleurs, de nombreux musées demandent de réserver la visite.

Et si on vous disait que l'Île-de-France est la meilleure région pour partir en balade ? Sauf à avoir déjà parcouru toutes les destinations de ce guide, il est probable que vous demeuriez sceptique face à cette affirmation. Et pourtant, les arguments ne manquent pas.

Une fois passé le périphérique, il vous reste 12 000 km² à découvrir, soit 120 fois Paris avec pas moins de 380 gares accessibles muni de votre passe Navigo® dézoné (ce qui fait de la région parisienne l'une des mieux desservies au monde), des sentiers de petite, moyenne et grande randonnée (dont le GR1 qui fait le tour de Paris sur 540 km) et des véloroutes parmi lesquelles la Scandibérique (l'une des plus longues d'Europe qui relie sur plus de 5 000 km Trondheim en Norvège à Saint-Jacques-de-Compostelle en Espagne). Mais on s'égare. Un comble pour un guide de voyage, même si celui-ci vous invite à perdre vos repères et à adopter un autre regard sur l'Île-de-France.

Mettre Paris entre parenthèses pour regarder outre-périphérique, c'est l'occasion de faire connaissance avec quatre parcs naturels régionaux (la Haute Vallée de Chevreuse, le Vexin français, l'Oise – Pays de France et le Gâtinais français), des forêts aussi grandes que les 20 arrondissements parisiens (Rambouillet) et même deux fois plus grandes (Fontainebleau), trois sites inscrits au patrimoine mondial de l'Unesco (la cité médiévale de Provins, le château de Fontainebleau et le château de Versailles) en attendant peut-être un quatrième (la forêt de Fontainebleau, encore elle), des parcs urbains plus grands que Central Park (le parc du château de Versailles et le parc de Saint-Cloud), des chefs-d'œuvre architecturaux (le château de Monte-Cristo au Port-Marly, la basilique Saint-Denis, le château de Fontainebleau), des galeries d'art et des musées (la galerie Ropac à Pantin, le musée d'Archéologie nationale à Saint-Germain-en-Laye, le musée des Années 30 à Boulogne, le musée de la Batellerie à Conflans-Sainte-Honorine) sans oublier de bonnes tables où bien manger (La Table du 11 à Versailles, la Maison du passeur à Herblay-sur-Seine, le Banquet des Troubadours à Provins), des activités pour se dépenser (beach paddle sur la Marne à Saint-Maur, escalade en forêt de Fontainebleau, canoë sur une rivière artificielle à Vaires-Torcy) et des coins paisibles où se reposer (le camping Huttopia de Versailles, l'hôtel Le Chantilly à Chantilly et l'hôtel des Iris à Auvers-sur-Oise).

Parce que maintenant que vous voici convaincu par les charmes de l'Île-de-France vous craignez sans doute de ne pas savoir par quel bout commencer, ce guide vous propose une méthode toute simple : 20 destinations clés en main le temps d'une journée ou d'un week-end, accessibles avec un passe Navigo®, à découvrir à pied ou à vélo, seul, à deux, en famille ou entre amis, été comme hiver (sans oublier le printemps et l'automne). Et puis faut-il le rappeler ? Voyager n'est pas qu'une question de distance...

Renaud CHARLES
et Vianney DELOURME,
co-fondateurs d'Enlarge your Paris

Média local indépendant, Enlarge your Paris explore le Grand Paris depuis 2013 avec une attention particulière pour la culture, l'écologie, l'économie sociale et solidaire et les loisirs. Pour mieux faire connaître le territoire à ses lecteurs, Enlarge your Paris organise aussi de nombreux événements comme les randonnées urbaines le long des futures lignes du Grand Paris Express. enlargeyourparis.fr

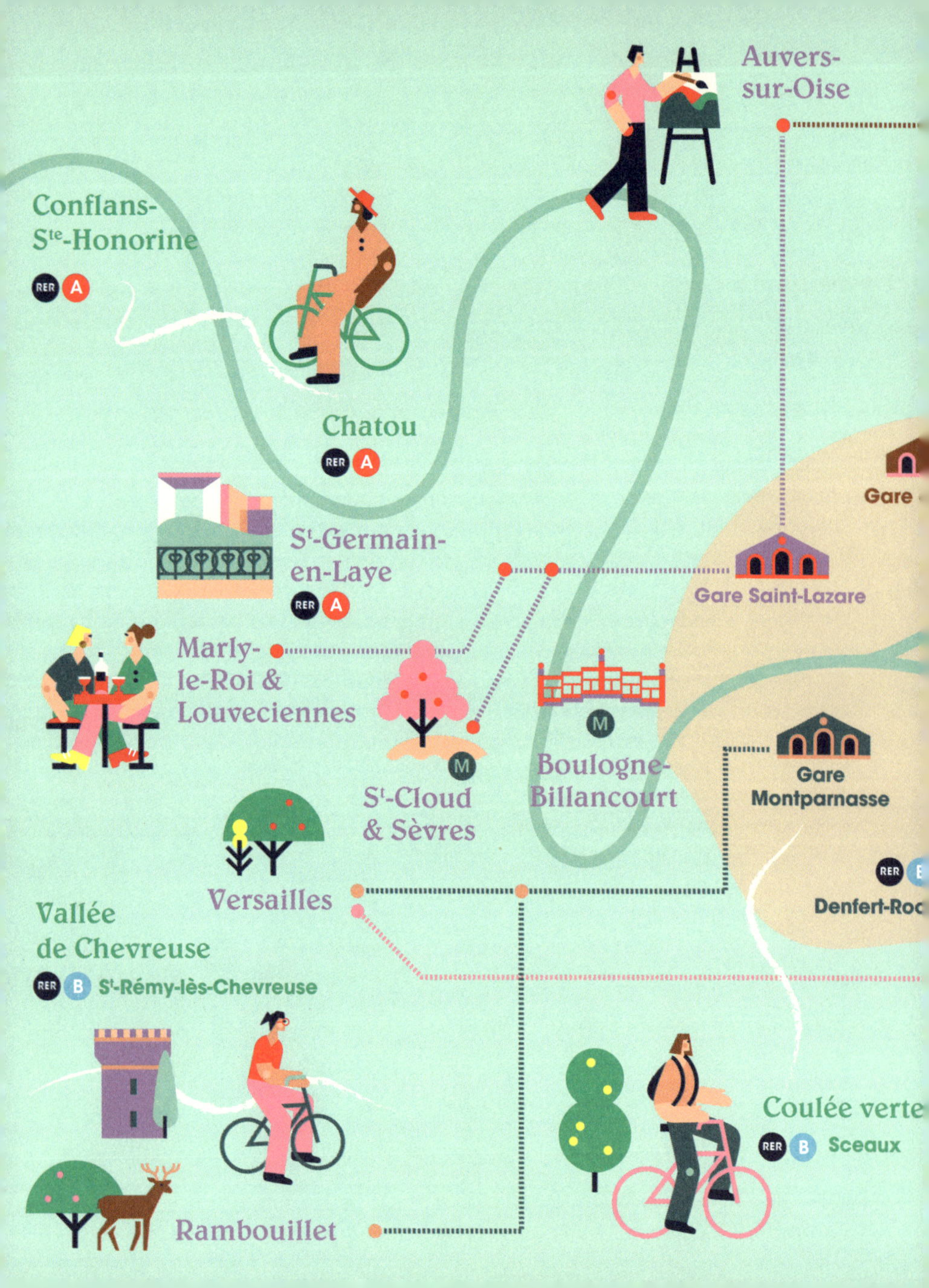

Auvers-sur-Oise
Conflans-Ste-Honorine
RER A
Chatou
RER A
St-Germain-en-Laye
RER A
Gare
Gare Saint-Lazare
Marly-le-Roi & Louveciennes
M
Boulogne-Billancourt
M
St-Cloud & Sèvres
Gare Montparnasse
RER
Denfert-Roc
Versailles
Vallée de Chevreuse
RER B St-Rémy-lès-Chevreuse
Coulée verte
RER B Sceaux
Rambouillet

Chantilly
Enghien-les-Bains
Canal de l'Ourcq
RER B Vert-Galant
aint-Denis
M
Les berges
de la Marne
Chelles
Gare de l'Est
Montreuil
M
hâtelet
A B
RER A
Nation
RER A Noisiel
Gare de Lyon
Vincennes
M RER A
are d'Austerlitz
St-Maur
& Champigny
RER A
Provins
Fontainebleau

Les thèmes

	Se mettre au vert	Pour les foodies	Avec les enfants	Alerte canicule
Saint-Denis		✓	✓	
Enghien-les-Bains				✓
Montreuil	✓	✓		✓
Vincennes	✓		✓	
St-Maur & Champigny				✓
Provins	✓		✓	✓
Fontainebleau	✓			
Versailles		✓		
Rambouillet	✓		✓	
Boulogne-Billancourt				✓
St-Cloud & Sèvres	✓			
Marly & Louveciennes				
St-Germain-en-Laye	✓		✓	
Auvers-sur-Oise		✓		
Chantilly	✓	✓	✓	
Le canal de l'Ourcq			✓	✓
Les berges de la Marne				✓
La Coulée verte				
La Vallée de Chevreuse	✓	✓	✓	
De Chatou à Conflans				

Hors saison	Va y avoir du sport !	Les plus beaux panoramas	Au bord de l'eau	Oh les beaux châteaux !	Et si on partait tout le week-end ?
✓		✓	✓		
✓		✓			
	✓		✓		
	✓	✓			
✓	✓	✓	✓	✓	✓
					✓
✓				✓	
✓	✓				✓
		✓			
		✓		✓	✓
✓	✓	✓		✓	✓
					✓
				✓	✓
✓	✓		✓		
✓	✓		✓		
	✓				
	✓	✓		✓	
		✓	✓		

Se mettre au vert

Besoin de quitter le bitume et de respirer le grand air ? Ces destinations baignées de nature n'attendent que vous : entre rando, vélo et balade à cheval, bain de forêt et pique-nique dans les parcs, partez à la découverte de la faune et de la flore locale et laissez-vous surprendre par l'histoire des murs à pêches de Montreuil ou celle de l'île Monsieur de Saint-Cloud. À vous la vie de Robinson Crusoé !

Montreuil p. 32

Entre ses parcs et ses étonnants jardins qui bordent les murs à pêches, cette ville de banlieue est bien plus verte qu'on ne pourrait le croire !

Provins p. 50

Du haut de la tour César, admirez le calme de la campagne qui entoure Provins. Et au printemps, ne loupez pas sa roseraie, véritable enchantement pour les yeux.

St-Germain-en-Laye p. 94

Top départ pour une belle et longue rando dans sa forêt : déconnexion assurée.

Chantilly p. 108

Bien sûr, il y a l'incroyable parc du château. Mais il y aussi un domaine forestier géant à parcourir à vélo ou à dos de cheval pour profiter de son cadre idyllique.

Saint-Cloud p. 82

Perdez-vous dans son immense domaine entre cascades et points de vue et aventurez-vous jusqu'à l'île Monsieur pour faire le plein de chlorophylle en bord de Seine.

La vallée de Chevreuse p. 134

Une journée 100 % verte passée à vélo dans un parc naturel régional plein de surprises.

Fontainebleau p. 56

Promenez-vous dans ses bois grands comme 2,5 fois Paris... et laissez-vous envoûter par tous les trésors cachés dans sa forêt.

Rambouillet p. 70

C'est ici qu'il faut venir pour espérer entendre le cerf bramer, assister à un ballet de rapaces, se suspendre aux arbres et jouer aux apprentis fermiers !

Vincennes p. 38

Des milliers de fleurs exotiques au Parc floral, des centaines d'animaux au zoo et des allées boisées où se perdre : pas besoin d'aller très loin pour se croire déjà ailleurs !

Pour les foodies

Qui sait que la vallée de Chevreuse abrite le dernier siropier d'Île-de-France ? Que le secret de la chantilly réside dans sa crème au lait cru et que l'absinthe continue de couler à Auvers-sur-Oise ? Entre déjeuners bistronomiques, dîners étoilés, ateliers participatifs et visites à la ferme, ces balades n'ont pas oublié d'être gourmandes. Salé ou sucré, il y en a pour tous les goûts.

Chantilly p. 108

Oubliez la cuisine de Vatel qui officia à Chantilly. Aujourd'hui, la gastronomie se déguste à la table étoilée d'Anthony Denon. Et ne repartez pas d'ici sans avoir goûté à la chantilly, la vraie !

Saint-Denis p. 20

Rendez-vous à la Ferme urbaine pour une séance dégustation de « miel béton ». C'est ici, entre les tours d'immeuble, que l'artiste-apiculteur Olivier Darné a installé ses ruches.

Montreuil p. 32

Kéfir artisanal et bières, confitures, miels ou café : voilà un aperçu de tout ce qui se fait aujourd'hui dans le 9-3. Pour faire le plein, direction les Tatas Flingueuses.

La vallée de Chevreuse p. 134

Après un déjeuner de saison au Clos de Chevreuse, préparez-vous à mettre les mains à la pâte pour fabriquer un sirop à L'Alchimiste. Encore faim ? À vous les fromages de la ferme de Coubertin.

Versailles p. 64

Faites confiance à l'inventivité du chef de La Table du 11 pour sublimer les produits de saison. Sa carte change tous les 15 jours, laissez-vous surprendre !

Auvers-sur-Oise p. 100

Entre la cuisine bistronomique du Relais des Peintres et les burgers revisités à la mode locale avec des œufs de la ferme et un pain maison à L'Atelier Gourmand, un stop s'impose au musée de l'Absinthe.

Avec les enfants

Faire découvrir les trésors d'Île-de-France à vos enfants tout en les amusant ? C'est possible en assistant à la traite de vaches, en s'attablant à la table de troubadours, en admirant un spectacle équestre ou encore en tentant de déjouer l'invasion d'un château fort. À quand la prochaine sortie en famille ?

St-Germain-en-Laye p. 94

Visite théâtralisée du château de Monte-Cristo, balade en forêt à dos de poney et fête foraine : faites le plein de sensations fortes à Saint-Germain-en-Laye.

Saint-Denis p. 20

Mettez la main à la pâte pour concocter votre propre pain, jus de pomme ou beurre, le tout dans une véritable ferme au cœur de la ville. Et pourquoi ne pas enchaîner sur une visite guidée du Stade de France ?

Provins p. 50

Oyez, oyez, vous êtes attendus pour le déjeuner à la table des troubadours. Pour la suite des festivités, assistez à un spectacle médiéval. Immersion garantie !

Chantilly p. 108

Village de lapins, courses de poules naines, théâtre de guignol : vos enfants ne sauront plus où donner de la tête au Potager des Princes. À ne pas manquer également : un spectacle équestre de haut vol !

Le canal de l'Ourcq p. 116

Humez le grand air dans les 144 hectares du parc de la Poudrerie ou parmi les fleurs et légumes de la ferme urbaine et écologique de la Prairie du canal.

La vallée de Chevreuse p. 134

Découvrez l'univers des contes de Perrault en version animée, assistez à la traite de vaches et de chèvres à la ferme et surveillez l'horizon du haut d'une forteresse. Location de vélos électriques vivement recommandée pour les petits mollets !

Rambouillet p. 70

Partez à la rencontre de la faune de Rambouillet : vaches, chèvres, lapins et même chevreuils, cerfs, sangliers et rapaces.

Vincennes p. 38

Déjouez une attaque au château de Vincennes et partez faire le tour du monde au zoo. Oiseaux, lémuriens et lamantins attendent d'être nourris par vos soins.

Alerte canicule

Quand le thermomètre s'emballe, pas la peine de risquer les embouteillages pour trouver un peu de fraîcheur en bord de mer. Bien à l'abri à l'ombre des arbres d'une forêt ou dans les labyrinthes d'un souterrain médiéval, posé au bord d'un lac ou d'une rivière, debout sur un paddle ou assis dans un canoë, ces endroits tout près de Paris vont vous faire gagner quelques précieux degrés en moins. Promis.

Le canal de l'Ourcq p. 116

Aussi boisé qu'une forêt, le parc de la Poudrerie est une oasis de fraîcheur qui vous tend les bras. Au retour, posez-vous pour un apéro au bord de l'eau à Pantin.

Les berges de la Marne p. 122

Direction l'Île de loisirs de Vaires pour une descente en rafting rafraîchissante. Vous préférez vous baigner ? Dans ce cas, suivez la piste cyclable et rejoignez le plan d'eau de Torcy.

Montreuil p. 32

Prenez maillot, serviette et lunettes de soleil et grimpez jusqu'à la piscine en plein air des Murs à pêches. Entre glissade et baignade, la chaleur vous paraîtra déjà plus supportable.

Provins p. 50

Rendez-vous dans les galeries humides des souterrains de la cité médiévale, longtemps chasse gardée des francs-maçons. Avec ses 12 degrés, vous pourriez même avoir froid !

St-Maur & Champigny p. 44

La Marne qui coule ici n'est pas navigable. Résultat : elle est devenue le terrain de jeu préféré des activités nautiques. À vous paddle, bateau électrique et canoë.

Enghien-les-Bains p. 26

Seule station thermale d'Île-de-France, les abords de son lac offrent un avant-goût de vacances où il est même possible de pêcher et de louer des barques pour naviguer.

Boulogne-Billancourt p. 76

Saviez-vous que l'on peut faire du ski nautique sur la Seine tout en admirant la skyline des tours du quartier de La Défense ? Adrénaline et frissons garantis.

Hors saison

Le soleil joue à cache-cache ? La pluie s'en mêle et les températures chutent ? Pas question de renoncer à une sortie dans ces lieux abrités des intempéries et ouverts même en hiver. Musées insolites, cinéma de quartier, escape game, château royal, expos et galerie d'art : même enfermés entre quatre murs, les occasions de se défouler et de se changer les idées ne manquent pas.

Boulogne-Billancourt p. 76

Remontez le temps au musée des Années 30 pour (re)découvrir l'avant-garde de ses artistes avant de plonger dans l'univers exotique du musée et jardin Albert Kahn. Un voyage garanti sans aucun effet jet-lag !

Fontainebleau p. 56

Les 200 salles de son opulent château surnommé la « maison des siècles » par Napoléon, vous tendent les bras. À vous ensuite le fun d'une partie d'escape game.

Rambouillet p. 70

Commencez par vous laisser envoûter par le féerique château de Rambouillet, puis réveillez l'enfant qui sommeille en vous au Rambolitrain, un étonnant musée dédié aux trains miniatures.

St-Germain-en-Laye p. 94

Entre son château royal, ses jardins à la française et ses bois, la balade à Saint-Germain en plein hiver est un vrai régal pour les yeux. S'il pleut, par contre, évitez !

Enghien-les-Bains p. 26

Entre les bains relaxants de son spa et les tables de jeu de son casino, la ville thermale est le cadre parfait d'une journée placée sous le signe du plaisir et de la démesure.

Montreuil p. 32

Autorisez-vous un aller-retour jusqu'à la mairie de Montreuil rien que pour le plaisir d'une séance de cinéma à prix doux dans un lieu tout entier dédié à la mémoire de Méliès.

Le canal de l'Ourcq p. 116

Oubliez le vélo et écourtez la balade pour vous concentrer sur la ville de Pantin à la découverte de lieux réhabilités plus cools les uns que les autres.

Les berges de la Marne p. 122

Abandonnez aussi le vélo pour passer la journée entière à Noisiel en arpentant tous les recoins de La Ferme du Buisson, centre d'art et de culture qui abrite cinéma, expo, resto…

Va y avoir du sport !

Assez du métro-boulot-dodo ! Aujourd'hui, chaussez vos baskets, on vous emmène aux quatre coins de la région découvrir des activités sportives plus ou moins insolites. Qui a déjà entendu parler du skike ? Ou du disc golf ? Qui sait qu'on peut glisser sur la Seine et faire du rafting à 30 minutes de la gare de l'Est ? À pied ou à vélo, partez à l'assaut de ces coins de nature où faire le plein de sensations fortes !

Boulogne-Billancourt p. 76

La base nautique du Ski Nautique Club de Paris s'étend sur un peu plus de 3 km sur la Seine. Votre challenge ? Tenir debout un maximum de temps sans tomber !

Fontainebleau p. 56

Tenté par l'escalade de bloc ? C'est ici qu'il faut venir pour grimper sur des rochers sans corde ni mousqueton. Vous en voulez encore ? L'île de loisirs de Bois-le-Roi propose de nombreuses activités sportives.

St-Maur & Champigny p. 44

Après une mise en jambe le long de la Marne entre le barrage de Joinville et Saint-Maur, à vous les joies de la glisse sur un paddle pour faire pendant 2h le tour des îles.

St-Germain-en-Laye p. 94

C'est le top départ d'une randonnée de 4h à travers les chênes centenaires de la forêt pour boucler les 18 km du « sentier des Oratoires ».

Les berges de la Marne p. 122

Glissez-vous dans la peau d'un athlète des JO prêt à dévaler les rivières d'eau douce du stade nautique flambant neuf de l'île de loisirs de Vaires !

Provins p. 50

Vous ne connaissez pas le skike, une activité nordique entre roller et ski de fond ? Raison de plus pour vous y essayer tout en découvrant la nature qui entoure la cité médiévale.

Le canal de l'Ourcq p. 116

Du disc golf, ça vous dit ? Venue des États-Unis et conçue comme un golf des bois, cette discipline confidentielle a élu domicile au cœur du parc de la Poudrerie. Débutants bienvenus.

La vallée de Chevreuse p. 134

Si vous souhaitez que la journée de balade soit sportive, optez pour le VTT plutôt que le vélo électrique, de jolies montées vous attendent !

La Coulée verte p. 128

Cette exploration du sud parisien à vélo vous permet de vous dépenser sans vous épuiser, et si vous avez de l'énergie à revendre, optez pour un retour avec votre petite reine.

Les plus beaux panoramas

Sortir de Paris sans vraiment le quitter, c'est ce qu'il est possible de faire avec certaines de nos escapades qui offrent des panoramas spectaculaires sur les plus grands monuments parisiens. D'autres au contraire sortent du cadre urbain et plongent le regard dans une nature florissante et apaisante. Dans tous les cas, des points de vue envoûtants !

St-Germain-en-Laye p. 94

La grande terrasse de Saint-Germain offre sur 2 km une vue imprenable sur Paris et tout l'ouest parisien. Unique !

Enghien-les-Bains p. 26

Depuis le musée Jean-Jacques Rousseau à Montmorency, on profite de jolies vues intimistes et inédites sur la capitale.

Saint-Cloud p. 82

Le domaine de Saint-Cloud, dont le point culminant se situe 30 m plus haut que les collines de Belleville ou Montmartre, offre une succession de panoramas de toute beauté sur Paris. La palme revient à celui que l'on contemple depuis la terrasse de la Lanterne.

Fontainebleau p. 56

La promenade des points de vue est un parcours de 12 km passant par les plus beaux panoramas offerts par la forêt de Fontainebleau. Villages, forêts et paysages apaisants au programme !

Montreuil p. 32

Le parc des Guilands permet de jouir d'une vue somptueuse et inédite sur le zoo et le château de Vincennes.

Provins p. 50

Depuis le chemin de ronde de la tour César, on embrasse du regard toute la campagne alentour.

La vallée de Chevreuse p. 134

Une vue apaisante et envoûtante sur la vallée de l'Yvette depuis le château de la Madeleine.

De Chatou à Conflans p. 140

Depuis le parc du musée de la Batellerie à Conflans, profitez du splendide panorama sur la vallée de la Seine.

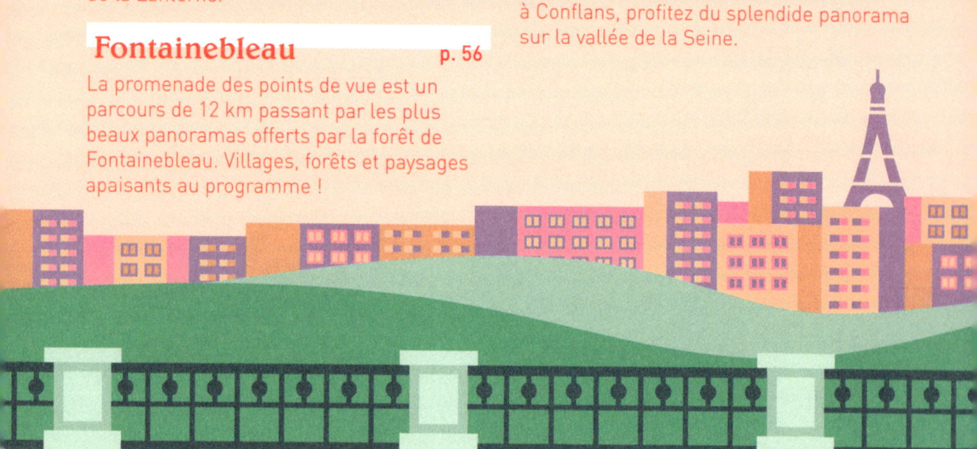

Au bord de l'eau

Pour une virée à vélo, un pique-nique en famille ou quelques coups de rame, les environs de Paris offrent de nombreuses opportunités de balade au fil de l'eau. Le long de la Seine, de la Marne ou des canaux parisiens, on profite de la fraîcheur, des activités nautiques et des terrasses de cafés ou de restaurants pour des escapades aux doux airs de vacances.

Les berges de la Marne p. 122

On longe le canal de Chelles à bicyclette sur une voie verte pour rejoindre l'île de loisirs de Vaires-Torcy et s'essayer à une large palette d'activités sportives et nautiques, y compris… du rafting !

Fontainebleau p. 56

À Samois-sur-Seine, une petite balade au bord du fleuve permet d'admirer les « Affolantes », sublimes demeures, et de déjeuner avec vue sur l'eau.

Le canal de l'Ourcq p. 116

Suivant un savant équilibre entre ville et espaces verts, on avance à vélo le long des berges sans jamais s'éloigner d'une galerie d'art ou d'un restaurant branché.

St-Maur & Champigny p. 44

LA promenade au bord de l'eau par excellence, avec belles villas, guinguette et activités nautiques : il ne manque pas un détail au tableau !

De Chatou à Conflans p. 140

Un itinéraire presque tout en vert depuis les grands parcs du Vésinet jusqu'au port de Conflans-Sainte-Honorine en passant par les rives bucoliques de la Frette-sur-Seine.

Enghien-les-Bains p. 26

Ici, tout se passe au bord de l'eau : promenades autour du lac, balades en bateau à pédales, vues depuis le spa ou le casino : l'eau n'est jamais loin, et en plus elle a des vertus thermales !

Oh les beaux châteaux !

Envie de revivre les grandes heures de l'Histoire de France ? Marchez sur les traces des plus grands en arpentant les nombreux châteaux que compte la région et rêvez-vous en roi ou reine le temps d'une journée couronnée de succès. Faste et démesure sont au programme !

Fontainebleau p. 56

Bienvenue dans la demeure des rois et son domaine de 130 hectares : admirez à loisir le mélange de style médiéval, Renaissance et classique avant de vous promener dans les jardins.

La vallée de Chevreuse p. 134

Une promenade 2 en 1 qui vous fera découvrir l'Histoire dans la forteresse de la Madeleine avec sa vue imprenable sur Chevreuse et au château de Breteuil, où vous entrerez dans l'intimité des anciens châtelains.

Rambouillet p. 70

Que d'histoires dans ce château royal, devenu impérial puis présidentiel ! À ne pas manquer : les deux pépites architecturales de la laiterie de la Reine et la Chaumière aux coquillages dans le parc.

St-Germain-en-Laye p. 94

Retour dans le passé au musée d'Archéologie nationale, hébergé dans l'ancien château, majestueux édifice. Aux beaux jours, grimpez sur les toits pour un panorama de verdure avec Paris en toile de fond.

Marly & Louveciennes p. 88

Plongez-vous véritablement dans l'Histoire au musée du Domaine royal en vivant une expérience de réalité virtuelle qui permet de côtoyer Louis XIV him-self !

Chantilly p. 108

Un voyage dans le passé dans ce château demeuré comme au 19e siècle. En prime, vous pourrez y contempler la deuxième plus grande collection de peintures anciennes après celle du Louvre.

Et si on partait tout le week-end ?

Vous avez envie de prendre le temps de profiter de la douce Île-de-France et de vous offrir une nuit dans un bel hébergement ? Trois destinations s'y prêtent allègrement : plutôt vie de château à Chantilly, ambiance arty à Auvers-sur-Oise ou subtil alliage de visite et de nature à Fontainebleau ? À vous de choisir ! On vous propose aussi d'associer des destinations d'une journée pour jouer les prolongations : bain de verdure et de culture à Versailles et Boulogne, ou bien explorations royales à Marly et Saint-Germain ? Faites vos jeux.

Chantilly p. 108

Un château devenu musée, des écuries grandioses parmi les plus belles d'Europe, une forêt immense où se balader à cheval, des adresses épicuriennes où déguster la véritable chantilly : votre séjour s'annonce royal !

Auvers-sur-Oise p. 100

Visiter Auvers-sur-Oise, c'est s'assurer un petit coup de foudre qui justifie pleinement de s'attarder un second jour pour s'immerger totalement dans l'univers des peintres paysagistes et impressionnistes.

Fontainebleau p. 56

Avec ses 25 000 hectares, la forêt de Fontainebleau demanderait des jours entiers d'exploration. Mais en un week-end seulement, vous aurez déjà le temps de découvrir le château, de faire une belle promenade dans les bois et de vous laisser séduire par le charmant village de Samois-sur-Seine.

Versailles & Boulogne-Billancourt p. 64 & 76

Amateur d'histoire, de culture et de voyage ? Partez à la découverte d'un Versailles inédit, dormez sous tente, puis immergez-vous dans les années 1930 avant de conclure votre week-end en Orient, sans quitter de Boulogne-Billancourt.

Marly & St-Germain p. 88 & 94

Du domaine de Marly au château de Saint-Germain-en-Laye, on reste dans la thématique royale en enchaînant sur un week-end ces deux escapades, savoureux cocktail de promenades au vert et de passionnants musées.

Saint-Denis

Au-delà des clichés

Oubliez tout ce que vous croyez déjà connaître. Entre le passé royal de sa basilique et un futur synonyme de Grand Paris, Saint-Denis est aussi bouillonnante qu'incontournable. Ici, un ancien garage s'est transformé en boutique coopérative, là, des fermiers font pousser des légumes et des aromates au milieu des HLM, tandis que le long du canal, des artistes donnent vie à une galerie à ciel ouvert. On y va ?

Infos pratiques

DURÉE

20 min
depuis la gare Saint-Lazare

GARE D'ARRIVÉE

Saint-Denis - Université

TRANSPORT

Lignes 13 (aller) & 7 (retour)
(Métro)

RETOUR DEPUIS

Porte-de-la-Villette

Attraits principaux de la balade

- Participer au chantier en cours du remontage de la flèche de la basilique de Saint-Denis
- Découvrir les bases de la permaculture et goûter au « miel béton » de Zone Sensible
- Se frotter à un géant : le Stade de France
- Faire un safari photo spécial street art en longeant le canal Saint-Denis

Conseils / Avant le départ

→ Consultez les pages Facebook de la Ferme Ouverte et de Zone Sensible pour connaître le programme des activités du jour et réservez vos places pour y participer

→ Procurez-vous le Pass découverte qui permet d'obtenir un tarif réduit dans plein de lieux et de commerces : il est gratuit et disponible à l'office de tourisme

→ Vérifiez si c'est soir de match ou de concert : ces jours-là, le Stade de France ne se visite pas

Rendez-vous au terminus Saint-Denis - Université pour une matinée qui commence les pieds dans la terre avant de partir à la rencontre d'un chef-d'œuvre de l'art gothique.

La Ferme urbaine,

terrain de jeu et de culture(s)

Une drôle de ferme urbaine qui entend concilier nature, culture et nourriture a jailli sur les terres historiques de René Kersanté, dernier maraîcher de Saint-Denis, encore en activité jusqu'en 2016. Depuis, le collectif d'artistes-apiculteurs du Parti Poétique, emmené par Olivier Darné, s'est associé aux Jardins de Gally pour se partager ses 3,7 hectares de terrain. Cernés par les barres d'immeubles, ils sont devenus un mini paradis pour les animaux, les plantes et les abeilles. Ici, chacun sa spécialité : à Zone Sensible, la permaculture, l'apiculture et la culture via des résidences artistiques en tout genre ; à la Ferme Ouverte, la découverte de la vie agricole et la transmission des savoir-faire avec des ateliers parents-enfants pour apprendre à faire du pain, du jus de pomme ou du beurre. Suivant le jour et l'heure, on peut aussi y faire son marché et même nourrir les animaux !

La Ferme Ouverte, 114, av. de Stalingrad. Ouvert t.l.j. pendant les vac. scol. ; mer., sam. & dim. hors vacances. Ateliers : 4,60 €. www.lesfermesdegally.com/la-ferme-urbaine-saint-denis

Zone Sensible, 112 av. de Stalingrad. Mars-oct sam. 10h-18h.

Basilique cathédrale de Saint-Denis,

dernière demeure royale

Elle, c'est le joyau de la ville, surnommée « La Lucerna », la lanterne, en référence à la surface exceptionnelle de ses vitraux. Nécropole royale, cette basilique gothique édifiée au 12e siècle par l'abbé Suger sur la tombe de saint Denis (un évêque missionnaire mort en martyr vers 250)

renferme les sépultures de 43 rois, 32 reines et 10 serviteurs de la monarchie, de Dagobert à Catherine de Médicis en passant par Louis XVI et Marie-Antoinette. Depuis 2020, les travaux du remontage de sa flèche, qui avait été démontée pierre par pierre en 1845 à la suite d'un ouragan, ont commencé. Cerise sur le gâteau : le chantier se visite et les curieux pourront même monter à 40 m de haut pour voir les tailleurs de pierre en action !

1, rue de la Légion d'Honneur. 01 48 09 83 54. Avr.-sept. : lun.-sam. 10h30-17h15, dim. 12h-17h15 ; oct.-mars : lun.-sam. 10h-16h15, dim. 12h-16h15. F. 1er janv., 1er mai, 25 déc. & pendant les offices religieux. Tarif : 9,50 €. www.saint-denis-basilique.com et www.suivezlafleche.com

Après cette immersion gothique, retour à la Saint-Denis du 21e siècle qui bouillonne d'adresses gourmandes et artistiques.

Pause déj à l'Espace Marguerite Charlie et pause-café à la Coopérative Pointcarré

Voilà le genre de petites adresses alternatives qui font le renouveau de Saint-Denis. Conçu comme un café culturel convivial avec une exposition différente chaque mois, l'Espace

Marguerite Charlie cuisine un maximum de choses fraîches, végétariennes et locales qui se renouvellent constamment : lasagnes, bowl colorés, tagines, plats gratinés... Repu ? Il est temps de rejoindre la Coopérative Pointcarré (à 5 minutes de là) pour reprendre des forces autour d'un café tout en flânant dans cette boutique associative qui propose quantité d'objets artisanaux, dont de superbes illustrations aux couleurs de la ville.

Espace Marguerite Charlie, 42, rue de la Boulangerie. 09 86 44 91 82. Mar.-sam. 9h30-22h30. Plats 8,50-11,50 €. Coopérative Pointcarré, 20 bis, rue Gabriel Péri. 01 48 09 98 47. Mar.-ven. 9h30-19h (13h sam.). www.pointcarre.coop

C'est dimanche et tout est fermé ?

Direction **Les Mets du Roy**. Cette adresse historique avec terrasse installée face à la Basilique depuis plus de 50 ans sert une cuisine traditionnelle française à base de salades de saison et de bars de ligne.

4, rue de la Boulangerie. 01 48 20 89 74. Plats 16-28 €. T.l.j. sauf dim. soir.

Basilique, tombeau des rois et des reines

Basilique de Saint-Denis

Il est temps maintenant de remonter aux origines de la ville en suivant un parcours historique qui vous mènera tout droit au pied du Stade de France dans le quartier futuriste de la Plaine.

Jeu de piste pour une
balade historique en centre-ville

C'est parti pour un parcours d'1,7 km. Le but ? Trouver les 20 bornes en acier richement détaillées qui le jalonnent et racontent l'histoire de Saint-Denis à travers les siècles depuis l'édification de sa basilique jusqu'à l'installation d'un nouveau quartier d'affaires. La visite démarre dans le jardin Pierre de Montreuil, passe par la rue de la

Boulangerie, la place de la Résistance et la rue Gabriel Péri avant de déboucher dans le quartier de la Plaine. En chemin, vous passerez par le **musée d'Art et d'Histoire** installé dans un ancien carmel du 17e siècle. En fonction de l'heure et de vos envies, n'hésitez pas à y faire un stop.

Musée d'Art et d'Histoire Paul Éluard, 22 bis, rue Gabriel Péri. 01 83 72 24 57. Lun. & mer.-ven. 10h-17h30 (20h le jeudi), sam.-dim. 14h-18h. F. mar. & j.f. Tarif : 5 €, gratuit pour les moins de 16 ans et 1er dim. du mois.

Arrêt au

Stade de France

Impossible de ne pas s'arrêter deux minutes face à ce colosse qui fait vibrer les foules du monde entier depuis sa construction en 1998 pour la Coupe du monde de football. Si vous voulez l'approcher de l'intérieur, c'est possible. L'agence Cultival propose des visites guidées de ses coulisses. Pendant 1h30, curieux et amateurs auront la chance de grimper dans les tribunes, d'accéder aux vestiaires avant d'emprunter le tunnel qui mène au terrain.

Tarif : 15 € (10 € pour les moins de 18 ans). Réservation recommandée : www.cultival.fr

Retour à pied jusqu'à Paris

le long de la « Street art avenue »

Lancée à l'occasion de l'Euro de football en 2016, cette balade, qui part du Stade de France et longe les berges industrielles du canal de Saint-Denis jusqu'à la Villette, est devenue une galerie d'art à ciel ouvert pour tous les amoureux de street art. Coup de cœur pour l'œuvre abstraite, graphique et colorée de Polar qui s'est emparé de deux petits bâtiments en face à face près d'un passage bucolique au niveau d'Aubervilliers.

Enghien-les-Bains

Une station balnéaire à deux pas de Paris

Une journée de vacances à dépenser sans compter ? Et pourquoi pas, puisque Enghien-les-Bains s'y prête si bien ! Devenue à la mode dès l'apparition des premiers établissements thermaux au début du 19e siècle, la ville s'est développée autour du lac et de son casino à coups de constructions architecturales toujours plus prestigieuses pour répondre aux caprices de visiteurs parisiens et aisés : cottages à l'anglaise, villas italiennes et châteaux bordent ainsi l'étang, trônant dans des parcs et jardins foisonnant de rosiers, jasmins et platanes centenaires. Un tel débordement de luxe vaut bien qu'on se remémore un peu du *Contrat social* en visitant la maison de Jean-Jacques Rousseau à Montmorency.

Infos pratiques

DURÉE

20 min
depuis la gare du Nord

GARE D'ARRIVÉE

Enghien-les-Bains

TRANSPORT

Ligne H
(Transilien)

RETOUR DEPUIS

Enghien-les-Bains

Attraits principaux de la balade

- Une journée dédiée à la promenade et au bien-être
- Une ambiance de vacances et de farniente autour du lac d'Enghien
- Un beau parcours architectural dans les rues autour du lac
- De jolies vues sur Paris depuis le jardin du musée Jean-Jacques Rousseau

Conseils / Avant le départ

→ Musée Jean-Jacques Rousseau : réservez votre visite, les salles sont exiguës et le nombre de personnes au départ de chaque visite guidée est limité. Notez qu'il est fermé le dimanche de novembre à mars ; à la place vous pouvez visiter la collégiale Saint-Martin de Montmorency (sur résa)

→ Casino : une tenue correcte est exigée à l'entrée (jeans autorisés mais non déchirés). Si vous ambitionnez de jouer de l'argent, fixez-vous une limite à ne pas dépasser dans les salles de jeux, c'est le meilleur moyen de vous faire plaisir sans vous gâcher la journée si vous perdez !

→ Réservez à l'avance votre créneau horaire et vos soins au spa Diane Barrière, très fréquenté le week-end

Arrivé en gare d'Enghien, rejoignez le casino et entamez le tour du lac en suivant l'avenue de Ceinture. Louez un bateau à pédales pour prendre un peu de distance et voir Enghien « depuis le large ».

Autour du lac :
luxe, calme et volupté

Lac naturel et source d'eau sulfurisée ont signé le succès d'Enghien-les-Bains lors de la grande vague du thermalisme au milieu du 19e siècle. Toujours seule station thermale d'Île-de-France, la ville a su préserver les abords de son plan d'eau, dédié à la villégiature et au bien-être depuis qu'il est devenu à la mode d'y avoir sa résidence. Il y flotte en permanence comme un air de vacances : on s'y adonne au sport ou à la cure, avec un petit rien d'atmosphère canaille au casino. En suivant la promenade Éric Tabarly puis l'avenue du Château Écossais (attention, très belles maisons avec jardins en vue), vous rejoindrez le boulevard du Lac puis l'esplanade Patenôtre-Desnoyer, qui offre les plus belles vues sur le plan d'eau où naviguent aux beaux jours bateaux à pédales et barques de pêche.

Voir Enghien depuis le lac

Aux beaux jours, il est possible de louer un bateau à pédales pour s'offrir une petite équipée sur le lac d'Enghien et contempler la foule des promeneurs de loin. Une balade rafraîchissante !

Rens. à l'office de tourisme. 01 34 12 41 15. Tarif 10 €/30 min, 15 €/h.

Le lac, 43 hectares d'eau bleue et 3 km de ber

De retour au casino, empruntez de nouveau l'avenue de Ceinture jusqu'à rejoindre le restaurant Le Relais du Lac pour déjeuner dans une atmosphère chaleureuse.

Joyeuse ambiance
au Relais du Lac

Avec une déco à mi-chemin entre la guinguette et le style industriel, ce petit établissement fait revivre l'esprit festif d'autrefois, avec ses soirées en musique et sa terrasse ombragée. Seul bémol : le restaurant n'offre pas de vue sur le lac. En contrepartie, l'ambiance est bien plus décontractée et les tarifs beaucoup plus doux ! La carte présente un bon rapport qualité-prix pour des spécialités italiennes classiques (pizzas, pâtes et salades fraîches, carpaccios...). De quoi passer un agréable moment avec un personnel aux petits soins.

1 av. Beauséjour, Soisy-sous-Montmorency. 06 98 52 51 27. Consulter les horaires sur le site internet ou par téléphone. www.lerelaisdulac.com

À NOTER DANS L'AGENDA

LES ILLUMINATIONS DE NOËL

Tous les ans de début décembre à début janvier, Enghien-les-Bains enfile ses habits de lumière. Les plus grands monuments : hôtel de ville, église Saint-Joseph et casino s'illuminent à la nuit tombée. Les fresques lumineuses animent et décorent les édifices selon des thématiques différentes chaque année et deviennent le prétexte à une promenade nocturne féerique le long du lac.

De retour à la gare d'Enghien, empruntez le bus n°15 jusqu'à l'arrêt Mairie de Montmorency pour la visite du musée Jean-Jacques Rousseau. De retour à Enghien par le même bus, vous pourrez en fin de journée vous adonner au bien-être avec une séance spa, avant de flamber au casino.

Musée Jean-Jacques Rousseau :

loin de la ville mais pas des lumières

Fuyant la capitale qu'il jugeait trop agitée, enfumée et bruyante, Jean-Jacques Rousseau s'installe en 1757 dans cette modeste demeure de Montmorency, le petit Mont-Louis, où il écrira, dans son bureau, son « donjon » ou sur sa table de jardin, des œuvres majeures dont *Le Contrat social* ou encore *La Nouvelle Héloïse*. Le philosophe des Lumières passe au total six années dans les trois pièces de cette étroite maison qui sera agrandie au 19e siècle et où l'on suit une passionnante visite guidée faisant la part belle à l'homme plus encore qu'à son œuvre. Le jardin bien entretenu qui court autour de la maison – même si les bois environnants ont perdu en densité – offre de belles vues sur la collégiale voisine et sur Paris en arrière-plan.

5, rue Jean-Jacques Rousseau, Montmorency. 01 39 64 80 13. Avr.-oct. : mar.-dim. 14h-18h ; nov.-mars : mar.-sam. 14h-18h. F. 1er mai, 1er nov. & 15 jours pendant les fêtes de fin d'année. Tarif : 5,10 €, gratuit pour les moins de 19 ans. museejjrousseau.montmorency.fr

La paisible demeure de Rousseau

Plan B si le musée est fermé

Collégiale Saint-Martin de Montmorency

Rendez-vous rue de l'église et offrez-vous une visite de la collégiale Saint-Martin… en réalité augmentée ! Depuis début 2020, une tablette fournie en début de parcours permet d'admirer à leur place des éléments notables de l'église, disparus au fil du temps, comme les vitraux du 16e siècle ou le mausolée du connétable Anne de Montmorency.

Sur résa, infos au 01 39 64 42 94. T.l.j. sauf j.f. Tarif : 6,50 €.

Faites vos jeux au casino Barrière !

Spa Diane Barrière :

et si on s'offrait une petite cure ?

En 1766, la découverte d'une eau sulfurée à proximité de l'étang change la destinée de ce qui n'est même pas encore un village. À l'époque, on ne trouve autour de l'étendue d'eau qu'un simple moulin, non loin de l'emplacement actuel du casino. Dès l'apparition des premiers soins thermaux, à la charnière des 18e et 19e siècles, Enghien-les-Bains, qui ne prendra son nom qu'en 1850, devient la destination à la mode pour nombre de Parisiens, surtout depuis que Louis XVIII y a guéri son ulcère ! Aujourd'hui on y trouve toujours les seuls établissements thermaux d'Île-de-France, dont le luxueux spa Diane Barrière, entièrement dédié aux soins du corps et au bien-être. Bains relaxants, soins du visage, massages... sans oublier les chambres duo avec bain balnéo et terrasse sur le lac ! Détente et relaxation assurées...

87, rue du Général De Gaulle, Enghien-les-Bains. 01 39 34 10 50. Lun.-sam. 8h30-21h, dim. 9h-20h. Tarif : accès 61 €, soins à partir de 60 € (accès offert à partir de 150 € de soins par pers.)

Flamber au

casino Barrière

Idéalement placé sur le lac, le casino Barrière, institution locale devenue le plus important de sa catégorie en France, draine toujours une foule de passionnés comme de joueurs occasionnels. Machines à sous classiques (il y en a plus de 500 !) et jeux de table : poker, roulette, black jack... fonctionnent tous les jours avec des pics de fréquentation évidents le week-end. Allez frissonner pour vos mises en goûtant à l'ambiance « Las Vegas » des salles de jeux, mais attention : s'il est facile de se laisser entraîner avec quelques pièces, il faut savoir s'arrêter dès que « rien ne va plus ! »

3, av. de Ceinture, Enghien-les-Bains. 01 39 34 13 00. T.l.j. 10h-21h ; jeux de table (payant) : 15h-21h. Entrée : lun.-jeu. 14 €, ven.-dim. 16 € ; vestiaire 2 €. Tenue correcte exigée. www.casinosbarriere.com/fr/enghien-les-bains.html

Montreuil

Un mix de culture & de verdure

Avec ses théâtres, ses salles de concerts, son cinéma à faire pâlir d'envie tous les cinéphiles de France, ses lieux de nuit branchés, Montreuil incarne le bouillonnement culturel du Grand Paris. Ce n'est pas tout. La ville abrite un étonnant dédale de verdure, les murs à pêches, ancien verger dont les fruits étaient dégustés à la cour de France, ainsi que trois grands parcs dont un, le parc Jean Moulin - Les Guilands - offre une vue panoramique sur Paris. Vous n'êtes pas au bout de vos (bonnes) surprises.

Infos pratiques

DURÉE

15 min
depuis Nation

GARE D'ARRIVÉE

Croix de Chavaux

TRANSPORT

Ligne 9
(Métro)

RETOUR DEPUIS

Croix de Chavaux ou Mairie de Montreuil

Attraits principaux de la balade

- Se dépayser à seulement 20 minutes de République
- Admirer le panorama sur Vincennes, son zoo et son château, depuis les hauteurs du parc des Guilands
- Découvrir qu'on cultive encore des pêches dans la région !
- Flâner le long de sa rue piétonne
- S'offrir une séance de cinéma à prix défiant toute concurrence

Conseils / Avant le départ

- Vérifiez les jours de marché si vous comptez dessus pour improviser un pique-nique
- Chaussez des baskets : Montreuil s'est construite sur des collines, ça va grimper !
- Embarquez maillot de bain et bonnet dans votre sac pour la piscine en plein air (hors été, on peut opter pour l'espace bien-être avec sauna et hammam)
- Inscrivez-vous au préalable pour suivre une séance de sport en plein air le dimanche

Rendez-vous au métro Croix de Chavaux : le dimanche, c'est jour de marché. Même si vous n'avez pas prévu de pique-niquer le midi, profitez d'être là pour arpenter ses allées et prendre le pouls de la ville entre ses stands de fruits, de fromages et de nourriture cosmopolite avant de partir à l'assaut du parc.

Le parc des Guilands,

une bulle d'oxygène

On y accède par l'entrée côté rue Désiré Préaux en faisant un très léger crochet par la rue des Roulettes, une des premières rues de Montreuil « boboïsée », aujourd'hui bordée de maisons charmantes. Avec ses 26 hectares et sa butte qui domine Paris et Vincennes, ce parc à cheval entre Montreuil et Bagnolet offre une vue qui change. Équipés de bancs, d'aires de jeux, d'un mini-étang, de vastes pelouses, d'un stade et d'un terrain de sport, il est parfait pour se promener et se détendre. Si vous êtes motivé, à vous la séance gratuite de « Sport dans les parcs », initiée par la ville depuis 2017 et qui a lieu tous les dimanches matin (vérifiez les horaires). Au programme : running, yoga ou taï-chi. Sinon, on se contente d'en prendre plein les yeux !

Parc départemental Jean Moulin les Guilands, entrée rue Désiré Préaux. T.l.j. 7h30-17h30 en hiver, 7h30-19h30 au printemps et à l'automne, et 7h30-22h du 1er mai à mi-septembre. Infos auprès de La Maison du Parc : 01 43 60 07 19, www.parcinfos.seinesaintdenis.fr

Du vert et du vert au parc des Guilands !

Après cette mise au vert, on redescend déjeuner en centre-ville. En fonction du temps que vous aurez passé dans le parc, offrez-vous une séance shopping avant de passer à table – ou après.

Shopping dans la rue piétonne du Capitaine Dreyfus

Anciennement nommée rue du Général Gallieni, cette artère piétonne regorge de petites boutiques indépendantes et de terrasses agréables aux beaux jours. Coup de cœur pour la boutique des **Tatas Flingueuses** (au n° 6) qui propose des boxs gourmandes de produits 100 % Seine-Saint-Denis : bières artisanales, café, miel, chocolat, sauces apéro, etc. !

Pause bistronomique à La CaVe

Voilà une adresse qui cache bien son jeu. Sous ses dehors d'épicerie fine et de cave à vins, ce lieu abrite aussi une salle de restaurant et une adorable terrasse perchée dans les arbres, très prisée avec le retour des beaux jours ! Ce qu'on y mange ? Des mets bistronomiques ultragourmands : foie gras maison, côte de bœuf maousse costaud, tataki de saumon, assiette de fromages affinés et brioche servie façon pain perdu.

45, rue de Paris. Mar.-sam. 11h-minuit, dim. 10h-14h. Plats 20-30 €. Réservation : 01 42 87 09 48. www.lacaveestrestaurant.com

Si c'est dimanche : direction la mairie !

Rendez-vous au **Café Salé.** Entre ses couscous (de 9,50 € pour la version végétarienne à 17 € pour le royal), ses cocktails bon marché, sa terrasse ensoleillée avec jardin attenant, transat et terrain de pétanque, ce restaurant au décor industriel s'impose comme LA solution.

1-3, av. Pasteur. 01 48 57 33 58. T.l.j. 10h-minuit. Formule midi (entrée, plat, dessert) : 15 €. Facebook : CafeSaleMontreuil

La balade se poursuit en direction des murs à pêches, une des curiosités montreuilloises les plus sauvagement préservées. En fonction de la météo et de la période de l'année, prolongez votre visite dans le quartier pour piquer une tête dans une piscine en plein air avant de finir la journée dehors pour un apéro ou bien au chaud à l'intérieur d'une salle de cinéma.

Les murs à pêches :

retour dans le passé

Direction les murs à pêches pour une balade digestive et une découverte de cet espace naturel et historique de 600 m de large et d'1,5 km de long. Tous les dimanches après-midi, un jardinier de permanence vous y accueille. Ce dédale de murs en plâtre qui absorbent la chaleur le jour et la restituent la nuit a permis de faire pousser des pêches en Île-de-France dès le 17e siècle. Une mini-révolution horticole qui faisait le régal de la cour de France ! À son apogée, il y avait plus de 600 km de murs. Aujourd'hui, il n'en reste plus que 17 qu'une myriade de bénévoles tentent de préserver des promoteurs immobiliers. C'est cette technique horticole en espalier qui permet de cultiver encore plein de choses à Montreuil, des pêches évidemment mais aussi des pommes et des mûres. Brouillon et vivant, cet espace naturel se découvre de jardin en jardin et s'anime tout au long de l'année en fonction de la saison, des événements et des récoltes.

Les murs à pêches, héritiers d'une longue culture

Rendez-vous tous les dim. de 14h30 à 16h30 au fond de l'impasse Gobétue. 01 48 70 23 80. mursapeches.blog. Plus d'informations sur l'agenda de La Fédération des murs à pêches : www.federationmursapeches.jimdofree.com

La piscine des Murs à pêches :

plouf en eau douce...

... et en plein air ! Ce bassin écologique découvert de 1000 m², ouvert au public en 2016, dispose d'un équipement digne d'une aire de loisirs : pelouse et parasols pour la bronzette, pataugeoire et jeux d'eau pour les enfants, toboggan de 10 m de haut et pentaglisse rose pour les plus grands ! Cerise sur le gâteau : il se double d'un espace bien-être en intérieur avec sauna, hammam, douches hydromassantes et bains bouillonnants.

9, rue Maurice Bouchor. 01 48 94 92 94. Espace extérieur : juil.-août t.l.j. sf ven. 14h-19h ; juin et sept. mer. & sam.-dim. 14h-19h. Tarif : 4 € pour la piscine, 10 € pour l'espace bien-être et 12 € pour les deux. Consulter les horaires pour les espaces intérieurs et bien-être : www.montreuil.fr/sports/la-piscine-des-murs-a-peches

Il vous reste du temps ? S'il fait encore beau et encore jour, pourquoi ne pas filer à **La Maison Montreau** située dans le parc du même nom ? Cette « auberge, cantine, buvette » joue la carte locale. De quoi improviser un apéro sympa pour profiter des pelouses géantes et vallonnées avant la fermeture du parc à 20h.

31, bd Théophile-Sueur. 01 49 35 51 03. Lun.-sam. 10h-20h (22h ven.). (Réouv. juil. 2021). lamaisonmontreau.fr

Plan B : il pleut et la visite des murs à pêches tombe à l'eau ?

Réfugiez-vous à l'intérieur d'une des six salles cosy du **cinéma Méliès.** Baptisé ainsi en hommage au réalisateur Georges Méliès qui fit construire en 1897 ses studios dans une propriété de Montreuil, ce cinéma, connu pour sa programmation Art et Essai et jeune public, fut inauguré en 1971 avant de déménager en 2015 dans des locaux flambants neufs. À l'entrée, une sphère suspendue de 7 m de diamètre inspirée de la lune de Méliès vous y accueille. À voir au moins une fois !

12, pl. Jean Jaurès. 01 83 74 58 20. Tarif : 6 € (4 € tarif réduit). www.meliesmontreuil.fr

Vincennes

Into the wild

Saviez-vous que le bois de Vincennes, situé dans le 12e arrondissement de Paris, peut se targuer, avec ses 995 hectares, d'être trois fois plus grand que Central Park ? Ce véritable poumon vert de la capitale est propice à une déconnexion totale : prenez le temps de flâner dans ses allées, d'humer les fleurs du Parc floral et de découvrir un jardin secret. Jouxtant le bois, la charmante ville de Vincennes est une étape obligée pour ses adresses d'exception, après avoir fait le plein de sensations fortes au château de Vincennes.

Infos pratiques

DURÉE

20 min env.
depuis Châtelet

GARE D'ARRIVÉE

Château de Vincennes
(Métro)
Vincennes (RER)

TRANSPORT

Ligne 1 (Métro)
ou RER A

RETOUR DEPUIS

RER A Nogent-sur-Marne si Jardin d'agronomie, Métro Ligne 8 Porte Dorée si Parc zoologique et Métro Ligne 1 Château de Vincennes si Parc floral.

Attraits principaux de la balade

- Petits et grands y trouvent leur compte
- Une promenade à la fois nature, historique et gourmande
- La promesse d'un voyage exotique et dépaysant au Jardin d'agronomie tropicale et au Parc zoologique

Conseils / Avant le départ

→ Enfilez de confortables chaussures et habits pour la journée (surtout si vous plébiscitez l'accrobranche au Parc floral)

→ Pensez à réserver le restaurant Del Pozzo en amont, souvent complet même à l'heure du déjeuner

→ Vous pouvez acheter votre billet pour le Parc zoologique en ligne pour éviter la file d'attente

→ Parc zoologique : résa obligatoire pour l'activité Apprentis soigneurs au moins un mois à l'avance

Votre journée débute avec la visite du château de Vincennes, une forteresse médiévale admirablement bien préservée. Grimpez en haut du donjon, promenez-vous sur le chemin de ronde et imaginez-vous roi ou reine résidant dans cette « humble » demeure.

Le château de Vincennes,

une forteresse médiévale préservée

D'abord un simple pavillon de chasse aménagé par Louis VII vers 1150, le château devient au 13e siècle un manoir. Il faudra attendre 1337 pour que Philippe VI de Valois décide de fortifier le site. Avec son donjon qui s'élève à 50 m, le château de Vincennes est l'une des plus hautes forteresses médiévales d'Europe ! Connu majoritairement pour son rôle de résidence royale, il a également servi de prison. Entre ses murs ont été détenus d'illustres hommes tels que Fouquet, le marquis de Sade ou Mirabeau. Aujourd'hui, des visites libres et guidées vous mèneront dans les appartements du roi, la Sainte-Chapelle et même dans les étages supérieurs du donjon. Vous y apprendrez maintes anecdotes et saurez enfin pourquoi les escaliers en colimaçon sont montés dans le sens des aiguilles d'une montre. Temps fort de la visite, la prison et ses graffitis gravés sur les murs rappelant les heures sombres du château…

Av. de Paris, Vincennes. De mi-mai à mi-sept. : t.l.j. 10h-18h ; de mi-sept à mi-mai : t.l.j. 10h-17h (Sainte-Chapelle : 10h30-13h & 14h-16h30 ou 17h30). Tarif : 9,50 €, gratuit pour les moins de 26 ans et 1er dim. du mois. www.chateau-de-vincennes.fr

AVEC LES ENFANTS

Une app ludique

Partez à l'assaut du château en famille avec l'application interactive et gratuite Vincennes en famille. À travers des énigmes et des questions d'observation et de logique tentez de percer tous les mystères du château de Vincennes. Attention néanmoins à l'attaque surprise lorsque vous arpentez le chemin de ronde !

Le château, résidence des rois puis prison

une escalope de veau *saltimbocca* et son jambon de Parme ou encore les incontournables spaghettis frais *alle vongole*. S'il vous reste encore un peu de place après votre copieux plat, dégustez l'inimitable tiramisu et ne partez pas sans avoir avalé en quelques gorgées votre espresso brûlant. *Buon appetito !*

2, av. de Paris, Vincennes. 01 41 93 10 76. Mar.-sam. 12h-14h30 et 19h-22h30, dim. 12h-14h30. Carte : autour de 20 €. Menu déj. 21 € (entrée/plat ou plat/dessert + café et ¼ de vin).

Midi sonne, quittez le château et son ambiance royale, traversez la rue et entrez chez Del Pozzo. Vous voilà plongé dans un tout autre décor, celui de l'Italie.

Ristorante Del Pozzo,

les petits plats authentiques de la mama

On ne badine pas avec la cuisine italienne ! Surtout quand elle est préparée dans la plus pure tradition. Dans ce restaurant, devenu au fil du temps une véritable institution plébiscitée par les locaux, les assiettes sont généreuses et savoureuses. Jetez votre dévolu sur une mozzarella *ghiotta* (mozzarella enroulée dans de fines tranches de jambon cru),

Paon au Parc floral

Pour cet après-midi, plusieurs alternatives s'offrent à vous : embarquer dans un voyage historique au Jardin d'agronomie tropicale, végétal au Parc floral ou animal au Parc zoologique. Juste avant, vous pouvez faire un micro détour dans un temple du sucré, à cinq minutes du restaurant.

Option 1

Le Jardin d'agronomie tropicale,

un des secrets du bois

À l'extrémité orientale du bois de Vincennes, une porte chinoise monumentale surgit d'entre les arbres. Vous voici devant l'entrée du Jardin d'agronomie tropicale. Encore amplement méconnu et peu fréquenté par les Franciliens, c'est le descendant d'un jardin d'essai créé à l'époque des colonies. Disséminés à travers le jardin, les vestiges de l'exposition coloniale de 1907 ont subi les affres des années mais certains sont encore visibles, à l'instar du pavillon de la Réunion, du pont khmer et de l'esplanade du Dinh d'inspiration vietnamienne. Une parenthèse verte inattendue et une leçon d'histoire in situ.

45 av. de la Belle Gabrielle, Paris. T.l.j. : mars-avr. 9h30-18h, mai-sept. 9h30-20h, oct. 9h30 -18h30, nov.-fév. 9h30-17h. Entrée libre.

Chocolaterie Julien Dechenaud,

des plaisirs à croquer

Difficile de ne pas succomber aux gourmandises chocolatées de Julien Dechenaud qui a fait ses armes chez Patrick Roger, Jean-Paul Hévin et Alain Ducasse. Chocolats fins, cookies généreux, pâte à tartiner constituée à 60 % de fruits secs, tartes gourmandes et assurément délicieuses, cette chocolaterie artisanale vous mettra le palais en émoi.

32, rue Robert Giraudineau, Vincennes. 01 45 73 94 02. Lun.-sam. 9h30-19h30, dim. 9h30-13h30. www.juliendechenaud.com

Temple du souvenir indochinois dans le Jardin d'agronomie tropicale

Un kaléidoscope de couleurs et de senteurs
au Parc floral

Pinède provençale, jardin médicinal et de senteurs, jardin de tulipes, concerts de jazz entre les lotus durant l'été et présentation de l'impressionnante collection de dahlias à l'automne, le parc floral, situé juste à côté du château de Vincennes, égaie le paysage depuis son ouverture en 1969. Doté de 31 hectares, c'est alors le plus grand espace vert créé à Paris depuis la fin du Second Empire. Aujourd'hui, le parc floral offre une déambulation pédestre pour découvrir pas moins de 15 000 espèces et variétés de plantes, dont 600 de la région Île-de-France présentées depuis leur origine jusqu'à nos jours dans un circuit fléché du chemin de l'évolution. Si vous êtes d'humeur joueuse, dirigez-vous vers le minigolf pour faire rouler votre balle de la butte Montmartre à l'obélisque de la Concorde et effectuer un tour de Paris express, en miniature ! Seconde option possible, endossez le rôle de Tarzan le temps d'un après-midi avec le parcours aventure dans les arbres d'Évasion Verte. Accessible dès 6 ans, vous voilà évoluant de lianes en tyroliennes dans la cime des arbres.

Route de la Pyramide, Paris. T.l.j. : hiver 9h30-17h, printemps & automne 9h30-18h30, été 9h30-20h. Payant juin-sept. : tarif plein 2,50 €, tarif réduit 1,50 €, gratuit pour les moins de 7 ans. Accès gratuit oct.-mai. www.parcfloraldeparis.com

Minigolf : mer.-sam. 13h30-19h30, dim. dès 10h30 ; 8-12 €. Évasion Verte : 16-21 € selon âge et taille, horaires différents chaque mois, à vérifier sur leur site : parcfloral.evasion-verte.fr

Parc zoologique,
un safari à Paris

Pour vous offrir un tour du monde à moindre coût, poussez les portes du zoo de Vincennes, à 30 minutes de marche du château. Réparti en cinq grandes zones géographiques reconstituant leurs biotopes d'origine, le Parc zoologique permet d'observer 2 000 animaux de 180 espèces dans leur milieu naturel. Girafes, lions, caïmans, serpents… ne manquez pas les séances de nourrissage des animaux par les soigneurs qui partageront leurs secrets sur la faune et la flore. Pour les plus curieux, il est possible de pénétrer dans les coulisses du zoo et d'endosser le rôle de soigneur pour nourrir des lémuriens, des oiseaux et des lamantins. Une expérience inoubliable !

Av. Daumesnil, Paris. Mai-août : t.l.j. 9h30-20h30 (22h30 jeu. juin-mi-août) ; sept.-fin oct. et avr. : lun.-ven. 9h30-18h, sam.-dim., vac. scol. & j.f. 9h30-19h30 ; fin oct.-mars : t.l.j. sf mar. 10h-17h (ouv. le mar. pendant vac. scol. & j.f.). Tarif plein 20 €, tarif enfant (3-12 ans) 15 €, gratuit pour les moins de 3 ans. www.parczoologiquedeparis.fr

Résa obligatoire au moins 1 mois à l'avance pour l'activité Apprentis soigneurs : 01 40 79 36 00 ou resamuseum@mnhn.fr ; à partir de 6 ans ; 55-85 €.

Saint-Maur-des-Fossés & Champigny-sur-Marne

Échappée belle au fil de l'eau

Immanquablement associée aux guinguettes et aux dimanches en famille au bord de l'eau, la boucle de la Marne autour de Saint-Maur-des-Fossés invite à la flânerie et à la contemplation. Depuis les quais parfaitement aménagés pour les piétons comme pour les cyclistes, le regard passe des colonies de hérons sur les rives sauvages des îles de Champigny aux façades cossues des villas du 19e siècle le long du quai Winston Churchill. Une balade que vous rythmerez avec une pause guinguette sur l'île du Martin-pêcheur, puis en allant donner quelques coups de pagaie dans l'eau en stand up paddle, en aval des îles de Champigny.

Infos pratiques

DURÉE

25 min
depuis Châtelet - Les Halles

GARE D'ARRIVÉE

Saint-Maur - Créteil

TRANSPORT

Ligne A
(RER)

RETOUR DEPUIS

La Varenne - Chennevières

Attraits principaux de la balade

- La Marne, sur cette partie de son cours, n'est pas navigable, rendant possible les activités nautiques, comme le paddle, loin des péniches !
- De l'espace pour circuler sur des quais ouverts aux piétons, aux vélos et aux rollers dans une ambiance bon enfant
- Osciller entre les paysages bucoliques de la Marne et les villas cossues le long des quais

Conseils / Avant le départ

→ Cette balade est conçue pour les beaux jours, vous resterez presque exclusivement dehors pour prendre l'air

→ Un sac à dos pour la journée, avec des affaires de bain et serviette pour la sortie en paddle

→ Le week-end, privilégiez le dimanche au samedi : les quais sont alors fermés aux voitures (seuls les riverains ont le droit d'y circuler)

→ Des jumelles peuvent être utiles pour guetter les rives des îles, peuplées d'une myriade d'oiseaux

→ Réservez votre table à la guinguette de l'île du Martin-pêcheur

Depuis la gare, remontez la rue du Pont de Créteil puis l'avenue Auguste Marin. Passez devant la librairie La Griffe Noire et filez tout droit vers le vieux Saint-Maur. La matinée se déroule entre une flânerie dans le parc et une belle promenade au bord de l'eau.

PAUSE SUR LE CHEMIN

Librairie La Griffe Noire

L'alignement chaotique de fiches Bristol multicolores dans les vitrines, vantant les écrits d'auteurs de tous horizons, attire le regard : La Griffe Noire est une adresse mythique, tenue d'une main de lettré par Gérard Collard depuis plus de 30 ans. Au fil des différents espaces dédiés à tous les genres littéraires et à une multitude de thématiques, on erre, feuilletant et profitant des critiques éclairées d'une équipe de passionnés.

2, rue de la Varenne, Saint-Maur-des-Fossés. Lun.-sam. 9h-19h, dim 10h30-12h. www.lagriffenoire.com

Ambiance de village autour des ruines de l'Abbaye de Saint-Maur

Figée hors du temps, la place du vieux Saint-Maur (marché sam. matin), dominée par l'élégante église Saint-Nicolas, ouvre sur le parc de l'abbaye en contrebas, accessible par la rue de l'Abbaye ou par le petit sentier aux allures champêtres sinuant derrière les terrains de pétanque. Si les quelques ruines éparses reflètent mal l'âge d'or de l'édifice, depuis l'an mil jusqu'au milieu du 13e siècle, il fait bon flâner dans ce parc verdoyant, à l'ombre des érables sycomores veillant sur les vestiges de la chapelle Notre-Dame et sur la plus massive tour Rabelais, mieux conservée. Les constructions sont loin de dévoiler tous leurs secrets en surface. Si vous avez l'occasion de visiter le site lors de Journées du patrimoine, vous aurez la chance de voir l'intérieur de la

Ruines de l'abbaye de Saint-Maur et tour Rabelais

tour et d'explorer le cellier et une partie des souterrains de l'abbaye.

Bon à savoir : des visites commentées du site sont fréquemment proposées le week-end au printemps et en été par le musée de Saint-Maur. Se rens. sur le site www.musee-saintmaur.fr

La prochaine étape ?
La guinguette de l'île du Martin-pêcheur !

En face, Champigny :
saule pleureur au bord de l'eau

Flânerie verte

le long des berges de la Marne à Saint-Maur-des-Fossés

Depuis l'entrée du parc, descendez la rue de l'Abbaye qui débouche sur les bords de Marne au niveau du petit barrage de Joinville (tournez à droite). Aménagé en 1867, il interdit depuis cette date la navigation sur ce tronçon de la Marne et a fait des berges en aval des lieux de prédilection pour la baignade jusqu'au début des années 1970. L'ambiance se fait tout de suite champêtre, à mesure que l'on progresse vers l'est. Tilleuls, chênes, érables et quelques rares saules pleureurs s'épanouissent sur la berge en face, côté Champigny, alors que les belles façades en meulière dressent un élégant décor côté Saint-Maur. L'île de l'Abreuvoir, interdite au public, abrite une riche faune avicole que vous pourrez guetter depuis la rive et le pont en franchissant la rivière.

Franchissez le pont de Champigny au niveau de l'île de l'Abreuvoir, puis remontez la rive opposée jusqu'à la guinguette de l'île du Martin-pêcheur pour la pause déjeuner.

Se détendre au bord de l'eau

à la guinguette de l'île du Martin-pêcheur

L'une des dernières véritables guinguettes des bords de Marne a élu domicile à Champigny. Entre mars et octobre, on y va pour boire un verre, manger et surtout danser, en profitant de l'ambiance désuète mais toujours très prisée de la terrasse : tables disposées sous les tonnelles où courent glycines et guirlandes d'ampoules multicolores, piste de danse donnant sur la Marne et musiciens enchaînant les tempos d'autrefois comme les airs plus modernes. Les soirées des vendredis et samedis sont plus jeunes et pop, alors que les dimanches après-midi ont vraiment les airs des dancings d'antan !

41, quai Victor Hugo, Champigny-sur-Marne. 01 49 83 03 02. Mars-oct. : ven.-sam. 19h30-1h, dim. 12h-18h (ouv. le sam. midi en juil.-août). Tarif formule guinguette 26,50 € (incluant l'animation musicale). www.guinguette.fr

Pour un Plan B sur le pouce

La guinguette étant fermée le samedi midi sauf l'été, inutile de traverser la rivière si vous vous promenez ce jour-là. Remontez le boulevard de Champigny et passez sous le pont du RER pour rejoindre le centre du **quartier de Champignol.** Vous y trouverez une boulangerie, une fromagerie et une boucherie-charcuterie : de quoi vous concocter un joyeux **pique-nique** à consommer sur l'un des nombreux bancs des bords de Marne.

Après ce déjeuner en musique ou ce pique-nique, gagnez le quai de Champignol et poursuivez sur le quai du Mesnil. Au programme : pagayer sur la Marne et vous balader sur les quais à la découverte de superbes villas.

Faire des ronds dans l'eau
au Beach Paddle de Saint-Maur

Pascal multiplie les belles initiatives pour rendre ce petit bout de Marne hyper ludique et agréable. Un ponton flottant, des transats sous les parasols, des kayaks, des canoës, un bateau électrique, des paddles et des animations sportives : il règne ici une atmosphère permanente de vacances ! En paddle, on conseille de faire le tour des îles, qui hébergent hérons cendrés, grues, cygnes, poules d'eau… En 2h de rame, il est possible d'évoluer en direction de Joinville jusqu'à l'île de l'Abreuvoir, puis de repartir vers l'île de Pissevinaigre (gare au contre-courant au retour, il faudra ramer plus fort !). Et pas de danger d'être déséquilibré par une péniche : la navigation est impossible sur ce segment de la Marne ! Si la baignade demeure interdite, la chute est en revanche autorisée, voire recommandée…

18, quai du Mesnil, Saint-Maur-des-Fossés. 06 10 81 49 98. Mars-mai & sept.-oct. : mer. 14h-19h, sam.-dim. 10h-19h ; juin-août : lun.-ven. 14h-19h, sam.-dim. 10h-19h. Tarif : à partir de 15 €/h. www.beachpaddle.fr

Balade sur les quais
dans le décor cossu des maisons bourgeoises

Passée la pointe sud de l'île Pissevinaigre, on arpente le quai Winston Churchill, où se trouvent quelques-unes des plus belles villas des bords de Marne. Face à l'île d'Amour, notez la statue en bronze représentant deux amoureux enlacés au niveau du n° 79. C'est tout près d'ici, au n° 91, que se situe la maison Médicis, à la façade soulignée de décorations rouges et vertes, où résidait la mère de Charles Trénet. Le chanteur avait ses appartements dans la villa située juste derrière, repérable à ses fenêtres rondes.

Après les immeubles du Beach, une résidence haut de gamme au niveau du pont de Chennevières, vous pouvez piquer à droite, vers le centre de La Varenne-Saint-Hilaire pour reprendre le RER en suivant la rue du Bac. Mais si vous avez encore de l'énergie, la balade peut se poursuivre de l'autre côté du pont, sur la même rive, en suivant la promenade des Anglais. Vous reviendrez alors vers le centre de la Varenne en repiquant les rues sinueuses du quartier des Mûriers.

Provins

Voyage en terre médiévale

Maisons à colombages, remparts, tours fortifiées, souterrains, ville haute, ville basse, spectacles comme au Moyen Âge : depuis Alain Peyrefitte qui en fut le maire de 1965 à 1997, Provins fait vivre son patrimoine. Tout dans la ville rappelle le faste des comtes de Champagne, de leurs foires commerciales et de leurs fêtes qui firent de Provins aux 12ᵉ et 13ᵉ siècles la troisième ville la plus importante de France, juste derrière Paris et Rouen. Ce qui justifie aujourd'hui son classement au patrimoine mondial de l'Unesco. Mieux qu'un livre d'école, Provins permet de comprendre l'Histoire en s'amusant... et en s'attablant avec des troubadours !

Infos pratiques

DURÉE

1h30

depuis la gare de l'Est

GARE D'ARRIVÉE

Provins

TRANSPORT

Ligne P

(Transilien)

RETOUR DEPUIS

Provins

Attraits principaux de la balade

- S'offrir une leçon d'histoire grandeur nature
- Prendre un bain de verdure et de culture
- En prendre plein les yeux en se baladant autour des remparts qui ceinturent la ville haute
- Jouer au chevalier le temps d'un déjeuner

Conseils / Avant le départ

→ Optez pour le Pass Provins qui permet de visiter 4 sites à un prix concurrentiel (12 € ; 8,50 € pour les 4-12 ans) : la tour César, la Grange aux dîmes, le musée de Provins, le prieuré de St-Ayoul

→ Si vous êtes en famille, à vous le Pass famille : 35,50 € pour 2 adultes et jusqu'à 5 enfants

→ Chaussez des chaussures de randonnée ou des petites baskets : entre les souterrains, les remparts, les rues pavées et des escaliers parfois assez raides, vos pieds vont être mis à rude épreuve

→ Vérifiez si la saison des spectacles a déjà commencé pour réserver votre place.

Réservation également pour le resto le Banquet des troubadours et si vous choisissez de vous initier au skike

La journée débute sur les hauteurs de la ville (qu'on appelle « le chatel », en opposition au « val » qui désigne la ville basse), en direction de la Tour César qui domine tout Provins.

La Grange aux dîmes,
plongée dans les traditions

Haut lieu des foires commerciales des comtes de Champagne qui duraient alors près de deux mois, cette maison de marchand en pierre, typique de l'architecture du 12e siècle, témoigne aujourd'hui des traditions et des activités de l'époque. Réparties sur deux niveaux, ses caves voûtées abritent une douzaine de scènes et de personnages en cire qui miment différents corps de métiers : du potier à l'écrivain public en passant par le changeur, le marchand flamand qui apportait à Provins ses laines et le tailleur de pierre. À l'époque s'y échangeaient toutes sortes de choses prestigieuses et convoitées venues parfois de loin : des draps de Flandres, des épices d'Orient, des fourrures de Russie, du vin d'Espagne, etc.

3, rue Saint-Jean. Avr.-août : t.l.j. 10h-18h ; sept.-oct. : lun.-ven. 14h-18h, sam.-dim. 10h-18h ; janv.-mars & nov.-déc. : sam.-dim., j.f. & vac. scol. 14h-17h. F. 1er janv. & 25 déc. Tarif : 4,30 € (2,80 € pour les 4-12 ans). Visite audio-guidée de 35 min (prêt gratuit contre une pièce d'identité).

La tour César,
symbole de toute-puissance

Partez maintenant à la conquête de ce donjon du 12e siècle symbole de la toute-puissance des comtes de Champagne. Bâtie sur un éperon rocheux, elle servit de tour de guet avant de se transformer en prison et en beffroi. Bravez la peur du vide et l'exiguïté de ses escaliers en colimaçon pour accéder jusqu'à son chemin de ronde situé tout en haut sous une charpente en bois, qui date elle du 17e siècle. Le panorama qui plonge sur la campagne avoisinante et sur la collégiale Saint-Quiriace, dont elle abrite d'ailleurs toujours deux cloches, le mérite amplement !

Rue de la Pie. Mêmes jours et horaires d'ouverture que la Grange aux dîmes. Tarif : 4,30 € (2,80 € pour les 4-12 ans).

Vue depuis la tour César

Après la découverte de l'histoire de la ville, enchaînez avec une immersion totale dans l'ambiance médiévale grâce à la gastronomie et aux artistes dans un lieu définitivement pas comme les autres !

Prenez place
au Banquet des troubadours

Que diriez-vous maintenant de ripailler autour d'une cochonnaille aux épices et d'une visitandine aux amandes, le tout arrosé d'hypocras (un vin sucré aux épices) ? C'est le genre de menu servi tous les week-ends dans cette taverne médiévale éclairée à la lueur des bougies. Entre les plats, musiciens, conteurs, jongleurs, saltimbanques et troubadours se relaient pour mettre l'ambiance et assurer un spectacle digne de ceux du Moyen Âge ! À noter : possibilité d'adapter le menu selon les goûts.

14, rue Saint-Thibaut. Tous les sam. & dim. à 12h, le repas-spectacle dure 3h (+ sam. soir à 20h). Tarifs : 40 € le menu adulte et 20 € pour les enfants de moins de 12 ans, 10 € pour les moins de 5 ans, gratuit pour les moins de 3 ans. 5 € la location de costume. Réservation : 06 70 50 08 58 ou sur www.provins-banquet-medieval.com

À NOTER DANS L'AGENDA

VISITE DE LA ROSERAIE

En mai et juin, ne manquez pas la floraison de la rose de Provins, symbole de la ville dont on raconte qu'elle aurait été ramenée des croisades par le comte de Champagne, Thibaud IV, au 13e siècle. Ce jardin paysager de 3 hectares situé au bas de la ville haute recense plus de 450 variétés de roses, anciennes et modernes. Boutique et salon de thé sur place.

11, rue des Prés. 01 60 58 05 78. Fin mars à fin oct. : t.l.j. 10h-19h30 (10h-18h pendant les vac. scol.) ; nov.-mars : ven. 14h-18h, sam.-lun. 10h-18h. Tarif : 7 € (4,50 € l'automne et l'hiver).

L'après-midi se poursuit avec un spectacle… frissons et émotions au programme ! Avant d'enchaîner avec une autre aventure : explorer les souterrains de la ville. Encore une idée ? S'initier au skike.

Spectacle *La Légende des Chevaliers*

Offrez-vous un spectacle médiéval

Si l'art de la fauconnerie vous a toujours fasciné, à vous le spectacle **Les Aigles des Remparts** au théâtre des Remparts. Grâce à une volerie (qui peut se visiter juste après) composée de 100 oiseaux de 25 espèces différentes, les aigles, les buses, les faucons et autres chouettes tournicotent autour des remparts pendant toute la durée du spectacle. Un ballet aérien impressionnant.

Avec des enfants, ne râtez surtout pas celui sur **La Légende des Chevaliers,** à côté de la Porte Saint-Jean, pour plonger au temps des croisades. Au programme : des courses-poursuites et des cavalcades à dos de cheval, des chevaliers agiles, des princesses pas farouches, des numéros de magie et de jonglerie.

Les Aigles des Remparts : théâtre des Remparts, Rempart du Cours aux bêtes. 01 60 58 80 32. Fin mars-début nov. : 14h30 et 17h week-end & j.f. ; horaires variables en semaine. Horaires détaillés et réservation sur www.vollibre.fr

La Légende des Chevaliers : 1, vieux chemin de Paris. 01 60 67 39 95. Fin mars-début nov. : 15h45 le week-end ; horaires variables en semaine. Horaires détaillés et réservation sur www.equestrio.fr

Infos communes aux 2 spectacles : tarif plein 12,50 €, 8,50 € pour les 4-12 ans, gratuit pour les moins de 4 ans. Durée du spectacle : 45 min.

Entrez dans les souterrains

Provins n'est pas qu'une ville haute ceinturée de remparts. C'est aussi une cité médiévale construite sur un sous-sol labyrinthique de galeries humides et fraîches, où la température avoisine annuellement les 12 degrés. D'abord utilisées pour en extraire la terre à foulon (l'argile) qui servait à dégraisser la laine dont on faisait alors grand commerce, les galeries ont aussi servi de caves aux marchands de vins et de lieux d'initiation aux francs-maçons, comme le prouvent les inscriptions creusées dans ses murs. Ambiance mystérieuse et ésotérique garantie.

Lieu accessible uniquement en visite guidée. 01 64 60 26 26. Rendez-vous à l'Hôtel-Dieu : 3, rue Saint-Thibaut. Tarif : 4,50 € (3 € pour les 4-12 ans). Durée de la visite guidée : 45 min. Jours et horaires : consulter la brochure sur www.provins.net

Maisons à colombages

Que faire s'il n'y a pas de spectacles ou si vous avez envie de faire du sport ?

Balade en skike

Provins n'a pas de remontées mécaniques, mais elle a le skike ! Cette activité nordique au croisement du ski de fond, du roller et de la marche nordique se pratique ici depuis 2020. Guidé par Christine et sa fille, Angélique, et après un briefing sur le matériel, on part à la découverte de Provins entre routes et sous-bois avant un tout schuss final.

Skike Trek 77. Mar.-ven. à partir de 13h, sam.-dim. à partir de 10h. Tarif : 15 € par pers. Durée : 1h30 (30 min de briefing + 1h de balade accompagnée). Réservation obligatoire : 06 70 60 15 71.

Fontainebleau

Un océan de verdure

En quête de nature non loin de la capitale ? À seulement 50 minutes de la gare de Lyon, Fontainebleau vous tend les bras. Doublement couronnée par l'Unesco, pour son sublime château classé au patrimoine mondial et sa forêt élue réserve de biosphère, Fontainebleau est un écrin de verdure prisé de tous, invitant à prendre la mesure des multiples trésors cachés d'Île-de-France. Alors à vos baskets pour mettre vos pas dans ceux des rois, découvrir la véritable gastronomie japonaise ou encore grimper tel un Spiderman sur des rochers. Sans oublier les 25 000 hectares de la forêt de Fontainebleau, l'équivalent de 2,5 fois Paris, à arpenter encore et toujours pour admirer sa mosaïque de paysages variant au fil des saisons.

Infos pratiques

DURÉE

50 min
depuis la gare de Lyon

GARE D'ARRIVÉE

Fontainebleau - Avon

TRANSPORT

Ligne R
(Transilien)

RETOUR DEPUIS

Fontainebleau - Avon pour le Jour 1,
Bois-le-Roi pour le Jour 2.

Attraits principaux de la balade

- La beauté incomparable de l'immense forêt de Fontainebleau
- L'élégance du château de Fontainebleau
- La sortie parfaite pour prendre l'air et se sentir dépaysé en un rien de temps
- Un air de vacances à la campagne à Samois-sur-Seine (Jour 2)

Conseils / Avant le départ

→ Remisez au placard vos belles chaussures, il faut être confortablement chaussé pour toute la journée ou tout le week-end si vous restez

→ Réservation conseillée pour les visites guidées du château

→ Apportez de l'eau en quantité suffisante pour la balade en forêt

→ Réservez à l'avance votre séance d'escalade. Apportez vos affaires de sport

→ Réservation indispensable en amont sur Internet pour une partie d'escape game

→ Réservation conseillée pour une table en terrasse au resto Le K (Jour 2)

Votre journée débute sur les chapeaux de roue avec la visite d'une des plus flamboyantes demeures royales : déambulez dans les 200 salles et flânez dans les 130 hectares du domaine du château de Fontainebleau.

Château de Fontainebleau,

la machine à remonter le temps

Surnommé la « maison des siècles » par Napoléon Ier, le château de Fontainebleau est l'un des plus impressionnants hauts lieux de l'Histoire de France. Demeure principale des rois de François Ier à Louis XIII, puis résidence secondaire de Louis XIV à Napoléon III, le château a vu se succéder une grande partie de la souveraineté, chacun y laissant son empreinte indélébile au gré des aménagements d'époque. Ce kaléidoscope de styles médiéval, Renaissance et classique se visite pour le bonheur des enfants comme des adultes. Pénétrez dans les grands appartements dont la sensationnelle galerie François Ier décorée de fresques et de stucs, la chapelle de la Trinité et son décor baroque, le pavillon des Armes ou encore dans le musée Napoléon Ier abritant portraits, habits et objets de l'empereur et sa famille. En sortant du château, n'oubliez pas de vous rendre dans la cour du Cheval Blanc, où vous pourrez admirer le célèbre escalier en Fer-à-cheval construit au 17e siècle par Jean Androuet du Cerceau. À moins que vous ne préfériez vous promener dans le vaste domaine de 130 hectares et parcourir, à votre rythme, le grand parterre à la française dessiné par Le Nôtre, l'étang des Carpes et son petit pavillon ainsi que le jardin anglais et ses essences rares.

Pl. du Général de Gaulle. T.l.j sf mar. : avr.-sept. 9h30-18h, oct.-mars 9h30-17h. Tarif plein 13 €, gratuit pour les moins de 26 ans et 1er dim. du mois (sf en juil.-août). Visites guidées de 30 min à 1h (5 €). www.chateaudefontainebleau.fr

Le majestueux château, surnommé la « maison des siècles »

Il est temps de faire ses adieux à la vie de château. Mais ne partez pas si vite, que diriez-vous d'une escapade au Japon à seulement deux rues de la merveille que vous venez de visiter ?

Un aller direct pour le Japon
au restaurant Fuumi

Attention, tous vos préjugés sur la cuisine japonaise risquent de voler en éclats. Chez Fuumi, point de sushis et makis ! Ici, la véritable cuisine japonaise est à l'honneur : ramens, gyozas, *okonomiyaki* et autres plats traditionnels parfumés et délicats réveilleront vos sens. Avis aux fins gourmets et aux globe-trotteurs, ce restaurant vous réserve un voyage express au Japon dans l'assiette !

39, rue de France. Mar.-sam. 12h-14h & 19h-22h.
Carte : 30 € env., menu déjeuner 23 € constitué de différents petits plats servis sur un plateau.
www.restaurant-fuumi.com

Après-midi

L'après-midi se profile, vous voici face à un choix cornélien : préférez-vous escalader les rochers de la forêt de Fontainebleau ou partir à la recherche de beaux panoramas au sein de la forêt ?

L'escalade à mains nues, une expérience inoubliable

Option 1

Escalade avec Globe Climber :

se prendre pour Spiderman

Fasciné par Spiderman ? Fontainebleau vous offre l'opportunité de vous essayer à l'escalade dite de bloc, c'est-à-dire grimper sur des rochers sans corde ni mousqueton. Mais pas de panique, débutant ou confirmé sont les bienvenus pour s'adonner aux joies de la grimpe sur le grès des rochers de la forêt de Fontainebleau. Un code couleur vous indique la difficulté de l'ascension : blanc pour les enfants, jaune pour facile, orange pour difficulté modérée, bleu pour compliqué et enfin rouge pour les aficionados des prises difficiles. Avec un peu d'huile de coude et l'aide des encadrants de Globe Climber qui ne vous laisseront pas tomber, vous serez sûrement étonné de votre facilité à vous mouvoir, tel un homme-araignée, sur votre rocher.

Départ 3, rue Paul Tavernier, Fontainebleau. Session d'escalade de 3h de 10h à 13h ou 14h à 17h. Tarif : à partir de 40 €/personne. Réservation en ligne indispensable. globeclimber.com

LE SAVIEZ-VOUS ?

SENTIERS PÉDESTRES

Ancien militaire de l'armée de Napoléon Ier installé à Fontainebleau, Claude-François Denecourt crée les premiers sentiers pédestres balisés au monde dès 1842 et aménage même des fontaines, des grottes et une tour d'observation. Toujours visibles dans la forêt de Fontainebleau, observez attentivement autour de vous et décelez les panneaux indicatifs et les flèches bleues.

Prendre de la hauteur grâce

à la Promenade des points de vue

Au départ de la gare de Fontainebleau, ce circuit accessible à tous de 12 km vous offre un condensé des plus belles perspectives sur la forêt de Fontainebleau. De la fontaine Désirée à la carrière de Cassepot en passant par la Croix du Calvaire et l'hippodrome de la Solle, cette boucle de 4h serpente entre les arbres et les rochers de grès et débouche sur de splendides points de vue, comme le panorama époustouflant sur la nature et les villages lointains depuis la tour Denecourt de 136 m de haut. Impossible de se perdre lors de cette balade, il suffit de suivre le balisage jaune tout du long.

Infos sur www.fontainebleau-tourisme.com/fr/fiche/5255318/promenade-des-points-de-vue

HÉBERGEMENT

La Demeure du Parc

Riche en activités, Fontainebleau mérite de s'y attarder sur deux journées. Si c'est votre cas, réservez votre nuit dans l'hôtel de charme La Demeure du Parc qui, comme son nom l'indique, se situe juste en face du parc de Fontainebleau. Cet ancien hôtel particulier est doté de 27 chambres spacieuses, dont certaines possèdent même leur propre terrasse privative avec vue imprenable sur le château. L'occasion de s'accorder une nuit royale !

36, rue Paul Séramy. Tarif : 143 € la chambre double et jusqu'à 369 € la suite deluxe. www.lademeureduparc.fr

Vite, un plan B s'il pleut !

Escape game

La Prophétie des Horloges,

tic tac l'horloge tourne !

Connaissez-vous les escape games ? En une heure montre en main, votre équipe doit trouver des indices et résoudre des énigmes pour réussir la mission dans laquelle vous venez de vous embarquer. Pas le temps de flancher, votre motivation sans faille et votre sens de la logique vous aideront à avancer de salle en salle. Arriverez-vous à vous échapper à temps d'Alcatraz, à récupérer vos baguettes de sorciers, à vous tirer des griffes d'un psychopathe ou à déjouer la malédiction du pharaon ? Chez La Prophétie des Horloges, vous avez 60 minutes et pas une de plus, top chrono, pour mener à bien votre mission !

16, rue de Grande-Bretagne. Lun.-jeu. 10h45-21h45, ven. 10h45-23h15, sam.-dim. 9h-23h15. Tarif : dégressif suivant le nbre de joueurs et le jour, 1-30 €/pers. Missions accessibles aux enfants à partir de 7 ou 9 ans, seule la mission "Psychose" est déconseillée aux moins de 16 ans. Uniquement sur réservation. escapegame-fontainebleau.com

Pour cette seconde journée, partez flâner dans les ravissantes ruelles de Samois-sur-Seine tout comme l'ont fait jadis Rosa Bonheur, Victor Hugo, Édouard Manet ou encore Berthe Morisot, sans oublier la figure phare du village, Django Reinhardt.

Douceur de vivre dans le village de Samois-sur-Seine

Village paisible entre forêt et fleuve, Samois-sur-Seine ne manque pas de charme et a d'ailleurs séduit jadis le père du jazz manouche, Django Reinhardt. Il fait bon se perdre dans ses ruelles et admirer, en bord de Seine, les maisons de villégiature construites entre la fin du 19e siècle et l'entre-deux-guerres et surnommées les « Affolantes » par l'autrice et architecte Marie-Françoise Laborde. Des demeures bourgeoises vertigineuses qui donnent le tournis par leur beauté et leur prix (un million d'euros). À ne pas manquer également, la rue pavée du Bas Samois où se trouve la maison de Django Reinhardt.

Promenade de 1h15 depuis La Demeure du Parc jusqu'à Samois-sur-Seine. Autre possibilité : marche de 30 minutes pour rejoindre la gare de Fontainebleau - Avon. Bus « Aérial » lignes 5 vers Moulin à Vent et 9 vers ZA Bernache, départ : gare routière quai 4, arrêt Place de Gaulle (10 stops), durée : 12 min, bus toutes les heures.

En bord de Seine à Samois

Villa « Les Fontaines-Dieu »

Si la faim vous tiraille, prenez place illico presto sur la terrasse en bord de Seine du restaurant Le K ou bien profitez du beau temps en pique-niquant sur l'île du Berceau.

Le K,

l'Italie en terrasse

Il n'était pas rare de croiser dans cette cantine, autrefois baptisée Chez Fernand, un habitué pas comme les autres : Django Reinhardt. Depuis, l'établissement est devenu Le K et sert des pizzas traditionnelles bien garnies, des pâtes et des salades, à accompagner d'une coupe glacée au limoncello pour se rafraîchir l'été. En prime, sa terrasse sur la Seine, bondée dès les premiers rayons du soleil car on dit qu'elle est l'une des plus belles terrasses du Grand Paris. Un conseil : mieux vaut réserver au plus tôt, mais ne désespérez pas, il est tout à fait possible de prendre une pizza à emporter et de la déguster sur l'île voisine du Berceau, avec une vue sur la Seine tout aussi attractive.

21, quai de la République, Samois-sur-Seine. 01 64 32 24 50. Lun., mer., jeu. & dim. 12h-14h, ven. 12h-14h & 19h-21h, sam. 12h-14h & 19h-21h30. Carte : 20-30 €. Page Facebook : LeKsamoissurseine. Résa fortement recommandée pour la terrasse.

Sport ou détente pour l'après-midi ? Pas la peine de choisir, tout le monde trouvera son compte en un seul et même lieu : l'île de loisirs de Bois-le-Roi.

Comme un air de vacances

à l'île de loisirs de Bois-le-Roi

Après une heure de marche à travers la forêt, vous voici arrivé en bord de Seine à l'île de loisirs de Bois-le-Roi. À vous le farniente et la baignade au bord du plan d'eau de 8 hectares, à moins que vous ne juriez que par les sensations fortes. Dans ce cas, libre à vous de tester l'accrobranche, le golf, l'équitation, le tennis, le kayak, le stand up paddle ou encore le disc golf et l'escalade. Le plus difficile sera sûrement de trancher face à la large palette d'activités. À noter : mieux vaut éviter le plein été, l'île est alors un peu trop fréquentée.

Rue de Tournezy, Bois-le-Roi. Accès libre à l'espace baignade. Tarifs activités 5-33 €. Retrouvez info et horaires détaillés sur bois-le-roi.iledeloisirs.fr

Transport retour : 40 min. à pied jusqu'à la gare de Bois-le-Roi puis Transilien Ligne R (34 min de trajet pour Gare de Lyon).

Versailles

Une journée royale

Qui dit Versailles dit forcément son merveilleux château ! Ville royale par excellence, Versailles mérite pourtant une escapade hors des sentiers battus. Jouant la carte de l'inattendu, votre parcours aujourd'hui fait l'impasse sur ledit château pour explorer d'autres facettes, toutes aussi fastueuses. Prêt pour une virée à la découverte de Versailles off ? Promis, vous en prendrez plein les yeux au milieu d'un potager, d'un théâtre équestre ou encore d'une salle sportive et surtout révolutionnaire.

Infos pratiques

DURÉE

12-26 min depuis Montparnasse, env. 38 min depuis Saint-Lazare 40 min depuis Austerlitz,

GARE D'ARRIVÉE

Versailles-Chantiers, Versailles-Rive-Droite ou Versailles-Château-Rive-Gauche

TRANSPORT

Lignes N ou L (Transilien), ou RER C

RETOUR DEPUIS

Versailles-Chantiers, Versailles-Rive-Droite ou Versailles-Château-Rive-Gauche

Attraits principaux de la balade

- Visiter Versailles sous un autre œil, sans entrer dans le château
- (Re)découvrir des fruits et légumes oubliés au Potager du Roi
- Profiter des écrins de nature dans les jardins du parc du château de Versailles, à quelques encablures seulement de la ville
- Rafraîchir sa mémoire avec un volet de l'Histoire de France

Conseils / Avant le départ

→ Apportez un vêtement chaud pour votre visite de l'Académie équestre : le manège n'est pas chauffé. Et réservez pour voir un spectacle

→ Réservez pour déjeuner à La Table du 11

C'est parti pour une journée royale ! Commencez-la en arpentant les dédales du Potager du Roi, là même où poussaient les fruits et légumes destinés à la table de Louis XIV et de ses convives.

Le Potager du Roi,

le primeur de Louis XIV

Créé en 1683 par La Quintinie pour fournir en fruits et légumes la table de Louis XIV, le Potager du Roi, à deux pas du château, est un jardin urbain encore en activité en plein cœur du centre historique de Versailles. Si les ananas et fraises en mars prisés par le roi ont depuis été remplacés par des cultures de saison, le lieu a su garder son credo originel d'expérimentation et de diffusion de connaissance. Abritant en son sein l'École nationale supérieure de paysage, le Potager du Roi cultive environ 400 variétés fruitières et autant de variétés légumières récentes et anciennes. Une partie de la production est vendue en frais dans la boutique ou transformée en conserves et en jus pour faire découvrir au plus grand nombre des fruits et légumes peu connus et parfois rares.

10, rue du Maréchal Joffre. Janv.-mars : mar.-ven. 10h-18h ; avr.-oct. : mar.-dim. 10h-18h ; nov.-déc. : mar.-ven. 10h-18h, sam. 10h-13h. Tarif : 3-5 €, supplément vis. guidée : 3 € (avr.-oct. : sam.-dim. 11h, 14h30, 16h), gratuit pour les moins de 26 ans. www.potager-du-roi.fr

Après vous être délecté visuellement des légumes oubliés au Potager du Roi, votre estomac crie famine. Offrez-vous un déjeuner à faire pâlir d'envie Louis XIV en vous attablant dans un restaurant couronné d'une étoile, à moins de dix minutes de marche de là. Si vous préférez manger sur le pouce ou que vous faites la balade un dimanche, rassasiez-vous d'une tartine et d'un chai latte dans un coffee shop.

La Table du 11,

un repas de haute volée

Un décor épuré et lumineux où se dressent une petite dizaine de tables, voilà le lieu de votre déjeuner raffiné.

Aux fourneaux, le chef Jean-Baptiste Lavergne-Morazzani propose une cuisine innovante et naturelle. Et au programme de La Table du 11, deux menus sont proposés le midi, évoluant tous les quinze jours selon les produits de saison et mettant l'accent sur une viande et un poisson. À moins que vous ne préfériez vous laisser surprendre par les propositions du chef. Ce dernier n'hésite d'ailleurs pas à venir échanger en personne en salle sur sa cuisine. Demandez-lui alors ce qu'est le poisson *ikejime* que vous venez de déguster (indice, c'est une méthode japonaise séculaire plus éthique d'abattage de poisson).

La Cour des senteurs, 8, rue de la Chancellerie. 09 83 34 76 00. Mar.-sam. 12h15-14h & 19h15-21h45. Menus déj. : 4 plats 55 €, 6 plats 75 € ; carte : 55-100 € env. Résa conseillée. www.latabledu11.com

Adresse déj. prix doux & ouverte le dimanche

The Stray Bean est un charmant coffee shop qui rayonne à Versailles depuis son ouverture sous l'impulsion de Christopher, le chef australien. Accompagné d'un *flat white,* d'un espresso ou d'un cappuccino, vous pourrez déguster des tartines joliment présentées à l'avocat, au saumon ou au jambon Serrano. Ne repartez surtout pas sans avoir succombé à une friandise sucrée. Plutôt carrot cake ou cheesecake ?

6, rue Royale. Lun.-sam. 8h15-18h, dim. 10h-17h. Carte : 7,50-12,50 €. thestraybean.com

Après-midi

Continuez votre journée royale dans le parc du château de Versailles et ses 815 hectares de promenade, sur les traces de la Révolution française au Jeu de paume ou dans les écuries de l'Académie équestre pour un spectacle époustouflant.

Option 1

Parc du château de Versailles,

le must du jardin à la française

Le maître paysagiste Le Nôtre réalisa pour le Roi-Soleil le plus beau des jardins, celui du parc du château de Versailles. Avec ses 815 hectares, vous ne serez sans doute jamais lassé de déambuler dans les entrelacs de jardins, fontaines et bassins et de contempler la myriade de statues formant un musée à ciel ouvert dans le majestueux parc. Au gré des allées, allez admirer l'orangerie et ses arbres exotiques, le charmant hameau de la Reine et les bassins de Neptune et d'Apollon. Il n'est pas étonnant d'apprendre que ce parc, représentant la quintessence du jardin à la française, est inscrit au patrimoine mondial de l'Unesco.

Place d'Armes. Avr.-oct. : t.l.j. 7h-20h30 ; nov.-mars : t.l.j. 8h-18h. Entrée libre.

Option 2

Salle du Jeu de paume,

la révolution en marche

En pénétrant dans la salle du Jeu de paume, vous vous souviendrez sans nul doute de vos cours d'histoire. C'est en ce lieu emblématique qu'un moment décisif de l'Histoire de France se joua. Le 20 juin 1789, les députés du tiers état se réunirent dans cette salle et jurèrent de ne pas se séparer avant de doter la

France d'une nouvelle constitution. Dès lors, la Révolution française commençait. Lors de votre visite, vous apprendrez plus amplement que le jeu à la mode durant tout le 17e siècle était le jeu de paume, à savoir l'ancêtre du tennis. Vous serez même étonnés de savoir que la salle du Jeu de paume a servi successivement au 19e siècle d'atelier au peintre Gros, de magasin de décor de théâtre puis à nouveau d'atelier, avant une restauration complète pour la convertir en musée de la Révolution.

1, rue du Jeu de Paume. Avr.-oct. : mar.-dim. 9h-18h30 ; nov.-mars : mar.-dim. 9h-17h30. Entrée gratuite. www.chateauversailles.fr/decouvrir/domaine/salle-jeu-paume

Académie équestre,

un ballet d'équidés

Installée dans les anciennes écuries du château de Versailles, l'Académie équestre créée par Bartabas vous ouvre ses portes pour assister à la crème de la crème du spectacle équestre. Ne manquez pas la visite de la Grande Écurie et l'entraînement durant le week-end pour observer les écuyers répéter leurs gammes avec leurs chevaux. Cerise sur le gâteau, le spectacle équestre musical éblouira petits et grands dans le manège, un décor en clin d'œil à la galerie des Glaces avec ses immenses miroirs et lustres grandioses.

Manège de la Grande Écurie du Château de Versailles, av. Rockefeller. 01 39 02 62 70. Découverte du patrimoine des écuries royales : mer. 13h30-16h ; tarif 7 €. Visite des coulisses de l'Académie équestre : vis. guidée de 1h15 pour un groupe, résa indispensable. Spectacle équestre : sam. 18h, dim. 15h ; tarif : 16-28 €. Représentation suivie d'une visite libre des écuries. bartabas.fr

HÉBERGEMENT

Camping Huttopia

Sur un site de 4 hectares, ce camping trois étoiles propose des hébergements confortables et originaux, comme les tentes trappeur et les cabanes en bois (2 nuits minimum), mais aussi des emplacements pour une simple tente. L'occasion parfaite pour se sentir l'âme d'un aventurier ! Le bonus : une piscine couverte chauffée.

31, rue Berthelot, Versailles. Avr.-nov. Tarif : 32 €/emplacement d'une tente pour 2 pers. europe.huttopia.com/site/camping-versailles

Rambouillet

Rendez-vous privilégié avec la faune

Ancien domaine de chasse des rois de France, la forêt domaniale de Rambouillet s'étend sur 15 000 hectares. Composée principalement de chênes mais également de pins, elle offre des reliefs et des paysages variés. Mais Rambouillet, c'est aussi une ville à taille humaine qu'il faut prendre le temps de parcourir à pied. Surtout que la nature n'est jamais bien loin, au sein d'une bergerie ou d'un parc animalier. C'est justement avec une faune diverse que vous avez rendez-vous aujourd'hui, celle de la ferme et celle de la forêt, des mérinos de Rambouillet aux majestueux cerfs. L'occasion de s'offrir un bon bol d'air et de se reconnecter à la nature dans un environnement enchanteur.

Infos pratiques

DURÉE

34 min

depuis la gare Montparnasse

GARE D'ARRIVÉE

Rambouillet

TRANSPORT

TER

RETOUR DEPUIS

Rambouillet

Attraits principaux de la balade

- Arpenter le château de Rambouillet, un joyau moins connu et moins visité que Versailles
- Retomber en enfance face à l'impressionnante maquette du musée du Train miniature
- Devenir fermier le temps d'une journée en participant à la traite et au nourrissage des animaux à la Bergerie nationale
- Observer au plus près les cerfs de la forêt

Conseils / Avant le départ

→ À vous les plaisirs de la marche pour aller observer la faune de Rambouillet, n'oubliez donc pas des chaussures adaptées et de l'eau

→ Si vous ne souhaitez pas vous rendre à l'Espace Rambouillet à pied, pensez alors à bien réserver un taxi en amont (liste sur le site de l'Espace Rambouillet)

→ N'hésitez pas à appeler ou à consulter les sites internet de Rambolitrain, de la Bergerie nationale et de l'Espace Rambouillet pour connaître les animations jeunesse durant les vacances scolaires et réserver en amont

Votre journée débute de manière majestueuse par la visite du château de Rambouillet et de son domaine ponctué de surprises architecturales.

Le château de Rambouillet,

digne d'un conte de fées

Tour à tour royal, impérial et présidentiel, le château de Rambouillet a vu défiler de nombreuses têtes. François Ier meurt en 1547 dans ce château fort du 14e siècle, Napoléon y passe sa dernière nuit avant d'être exilé sur l'île d'Elbe et Charles X s'y réfugie après l'insurrection de juillet 1830. De pièce en pièce, vous pénétrez dans le boudoir de Marie-Antoinette, la salle des marbres ou encore la tour médiévale. Après cette visite, le parc de 150 hectares vous tend les bras. Au programme : jardin à l'anglaise, jardin à la française mais également deux joyaux architecturaux. La laiterie de la Reine, créée par Louis XVI pour divertir Marie-Antoinette, surprend par son incroyable décor de marbre blanc aux tons laiteux. Et dire que la reine n'est entrée que deux fois dans ce lieu ! Seconde pépite encore plus époustouflante, la Chaumière aux coquillages, digne d'un temple antique, est entièrement ornée de coquillages, nacres et de fragments de marbre. Un travail d'orfèvre qui dénote nettement avec l'extérieur rustique de la chaumière et surprend plus d'un visiteur.

Domaine de Rambouillet. 01 34 83 00 25. Avr.-sept. : t.l.j. sf mar. 10h-12h & 13h30-18h ; parc t.l.j. 8h-21h. Oct.-mars : t.l.j. sf mar. 10h-12h & 13h30-17h ; parc t.l.j. 10h-17h. Tarif : 7,50 €, gratuit pour les moins de 26 ans. www.chateau-rambouillet.fr

Le parc du château

La Chaumière aux coquillages

Après cette matinée qui vous a permis d'expérimenter la vie de château, que diriez-vous de faire un saut en Espagne pour partager des tapas ? Le voyage de trois minutes à pied vous fera atterrir au fond d'une cour, au restaurant L'Épicurien plus précisément.

Partager un bout d'Espagne à L'Épicurien

Caché au fond d'un joli passage pavé, ce bar à vins et tapas mérite que l'on s'y attarde le temps d'un déjeuner. Salades, tartines et surtout les spécialités d'inspiration espagnole, des tapas ou plats à partager sont à accompagner d'un verre de vin français issu de culture en biodynamie. À L'Épicurien, on fait primer la convivialité en picorant des acras de morue ou des *patatas bravas* en terrasse avec une clientèle locale fidèle au poste. En somme, une valeur sûre au bon rapport qualité prix.

15, rue du Général de Gaulle. 01 75 92 97 03. Mer.-sam. 12h-14h & 19h-22h, dim. 12h-14h30. Formule midi : 14-20 €. Facebook : lepicurienderambouillet

Vous avez le choix entre une escapade à la Bergerie nationale pour en apprendre plus sur l'agroécologie tout en cajolant les animaux de la ferme et une promenade dans l'Espace Rambouillet pour observer les êtres de la forêt. Enfin, si vous souhaitez replonger dans vos souvenirs d'enfance, le musée du Train miniature vous accueille à bras ouverts, prenez garde à la fermeture automatique des portes, attention au départ !

Cerfs dans la forêt, à l'Espace Rambouillet

Option 1

Se glisser dans la peau d'un fermier
à la Bergerie nationale

Sous l'impulsion de Louis XVI qui souhaitait introduire de nouvelles espèces en France, une ferme expérimentale voit le jour en 1786 au cœur du domaine du château. Aujourd'hui, cette véritable ferme biologique à vocation pédagogique se visite le long d'un parcours permettant d'entrer dans l'étable, l'écurie, la porcherie, la basse-cour et la bergerie avec ses vedettes phares, les mérinos de Rambouillet, soit l'ancêtre du mouton. Impossible pour les enfants de s'ennuyer à la Bergerie nationale entre le coin câlin à animaux, le labyrinthe des petites bêtes et les nombreuses animations ponctuant la journée, comme la traite des vaches et des chèvres ou bien le nourrissage des lapins, cochons et autres animaux. Et tout le monde est invité s'il le souhaite à mettre la main à la pâte !

Au fond du parc du château de Rambouillet. Hors vac. scol. : mer. & sam.-dim. 14h-18h. Tarif plein 7 €, tarif réduit 5 €, gratuit pour les moins de 3 ans. Traite des vaches : 16h30 ; soins aux animaux : 17h. www.bergerie-nationale.educagri.fr

Espace Rambouillet :

la nature n'a jamais été aussi proche

S'il est d'ordinaire presque impossible de tomber nez à nez avec les animaux de la forêt dans leur milieu naturel, les cerfs, chevreuils, sangliers et daims s'observent ici à une vingtaine de mètres seulement dans une forêt peuplée de chênes et de pins. Parc animalier de 250 hectares, l'Espace Rambouillet invite le public à approcher et se familiariser avec les animaux et leurs écosystèmes, lors d'un ballet de rapaces présentés en vol libre, une promenade forestière ou sur un sentier sensoriel et éducatif suspendu dans les arbres, l'Odyssée Verte. Durant l'automne, tendez-bien l'oreille, vous entendrez sûrement le tonitruant brame du cerf.

Route du Coin du Bois, Sonchamp.

Avr.-oct. : mar.-dim. 10h-18h30. Odyssée Verte : 13h-16h. Démonstration rapaces : 11h, 14h, 16h30. Tarif plein 15 €, tarif réduit 12 €.

Fév., mars et nov. : mar.-sam. 10h-17h. Odyssée Verte : 13h-17h. Tarif plein 10 €, tarif réduit 7 €.

Sur présentation d'un justificatif de transport en commun, dont le passe Navigo, réduction de 2 € sur chaque billet.

www.espacerambouillet.fr

Pour y aller : possibilité de louer des trottinettes électriques dans le centre de Rambouillet, marche d'1h sur un sentier forestier, ou en taxi (à réserver à l'avance, voir la liste sur le site de l'Espace Rambouillet).

Rambolitrain,

arrêt prolongé dans un musée hors du commun

Entrer dans ce musée original dédié exclusivement au train miniature, c'est comme pénétrer dans la caverne d'Ali Baba ! Fruit de l'association de deux passionnés de petits trains, le Rambolitrain, situé à moins de dix minutes du château, expose pas moins de 4 500 trains jouets des années 1860 à 1981, reconstitue fidèlement la vitrine d'un magasin de jouets parisien des années 1930 et fait rêver petits et grands, surtout au second étage. Là, sur 400 m de voies, des trains circulent dans une maquette plus vraie que nature à l'effigie de Paris et de la province. Une prouesse époustouflante qui s'agrémente de nouvelles pièces chaque année, depuis 37 ans ! À vous d'ouvrir l'œil et de repérer Obélix dans une des scénettes de vie.

4, pl. Jeanne d'Arc. 01 75 03 44 60. Mer.-dim. 10h-12h & 14h-17h30. F. janv. les 2 semaines suivant les vac. scol., 24 mai, 1er nov. & 25 déc. Tarif plein 4,50 €, tarif réduit 3,50 €, gratuit pour les moins de 3 ans. Réservation conseillée. www.rambolitrain.com

Boulogne-Billancourt

Un tour du monde en un jour

Aux portes de Paris, Boulogne-Billancourt n'est à première vue pas la destination rêvée pour oublier la vie urbaine le temps d'une journée. Et pourtant, que diriez-vous de vous plonger dans les années 1930, de vous offrir un périple au Japon, de glisser sur la Seine ou encore de marcher sur les toits ? Osez (re)découvrir la proche banlieue sous un autre œil et jouir de sublimes panoramas sur la capitale. Entre nature et ville, passé et présent, Occident et Orient, cette balade permet de se dépayser en un rien de temps et d'effectuer un tour du monde en moins de 80 jours, et même en une journée... Promesse tenue !

Infos pratiques

DURÉE

30 min env.
depuis Châtelet

GARE D'ARRIVÉE

Boulogne - Pont de Saint-Cloud

TRANSPORT

Ligne 10
(Métro)

RETOUR DEPUIS

Boulogne - Jean Jaurès
ou Boulogne - Pont de Saint-Cloud

Attraits principaux de la balade

- Une journée alliant la nature et la ville pour satisfaire toutes les envies
- La possibilité de s'essayer au ski nautique dans un cadre surréaliste avec vue sur La Défense
- Un bouillon de culture avec le choix entre deux visites enrichissantes de musée en plein cœur de Boulogne-Billancourt.

Conseils / Avant le départ

→ Apportez maillot et serviette de bain si vous optez pour la session de ski nautique. Il n'est pas possible de réserver, ne tardez donc pas à vous présenter en début d'après-midi

→ Le week-end, il faut réserver son entrée au musée-jardin Albert Kahn

Après avoir marché seulement dix minutes en sortant du métro, vous voilà dans l'ancien domaine des rois de France. Emboîtez-leur le pas en vous promenant dans le vaste domaine de Saint-Cloud, puis prenez de la hauteur sur l'île Seguin avant une pause déjeuner bien méritée.

Une échappée champêtre au domaine de Saint-Cloud

Bien que le château de Saint-Cloud ait disparu au 19e siècle, les jardins qui lui servirent d'écrin ont su conserver leur faste d'antan et resplendissent de plus belle. Culminant à 160 m d'altitude, le domaine national de Saint-Cloud peut se targuer de posséder l'un des plus beaux panoramas sur la capitale et ses environs. À ne pas manquer, une vue d'exception sur Paris depuis la terrasse de la Lanterne, à quelques centaines de mètres de la Manufacture de Sèvres. Et pour découvrir la majesté des perspectives dessinées par Le Nôtre et d'autres trésors dans les allées du domaine, téléchargez l'application Domaine de Saint-Cloud qui vous permet de vous repérer avec une carte interactive et de découvrir, pas à pas, la riche histoire du lieu.

Saint-Cloud. Mars-avr. et sept.-oct. : t.l.j. 7h30-21h ; mai-août : t.l.j. 7h30-22h ; nov.-fév. : t.l.j 7h30-20h. Entrée gratuite pour les piétons. www.domaine-saint-cloud.fr

↳ Le domaine national de Saint-Cloud, 460 hectares de verdure

↳ Vue depuis le domaine

Le jardin Bellini de la Seine Musicale :

un panorama sur Paris

Sur la pointe aval de l'île Seguin, futur centre névralgique de la ville, la Seine Musicale a ouvert ses portes en 2017 avec pour ambition d'accueillir toutes les musiques, du classique au rock, en passant par les comédies musicales ou les opéras de chambre. Mais le clou du spectacle réside sur son toit, aménagé en jardin composé uniquement d'essences d'Île-de-France. Pour y accéder, empruntez l'escalier extérieur et offrez-vous un moment de sérénité avec une vue monumentale sur Paris.

Île Seguin, Boulogne-Billancourt. Mer.-dim. 11h-17h. Entrée libre. www.laseinemusicale.com/espaces/les-jardins-bellini

Si la marche a aiguisé votre appétit, descendez de votre rooftop fleuri pour rejoindre en quelques minutes le resto Loulou et profiter de sa grande terrasse ou de sa superbe et chaleureuse salle.

Loulou Boulogne :

des assiettes végétales et colorées

Décor végétal épuré aux accents exotiques, bienvenue chez Loulou ! Cette brasserie moderne sert aussi bien des assiettes colorées, à l'image des tendance *avocado toasts* et *poke bowls*, que des plats traditionnels parfois revisités tels un croque-monsieur à la truffe ou le suprême de poulet fermier aux morilles, qui a déjà remporté les suffrages auprès des habitants du coin. En prime, une large terrasse extérieure promet des déjeuners ensoleillés accompagnés de cocktails rafraîchissants.

8, cours de l'Île Seguin, Boulogne-Billancourt. Lun.-ven. 8h-minuit, sam.-dim. 10h-minuit. Carte : 15-30 €. loulou-boulogne.business.site

Que diriez-vous d'une tranche de culture pour parfaire votre journée ? Au choix, une évasion au Japon ou un retour dans les années 1930 vous attend. Enfin, si vous préférez profiter pleinement du soleil, enfilez votre combinaison et à vous les plaisirs de la glisse sur la Seine !

Option 1

Revivre l'époque des premiers congés payés

au musée des Années 30

Difficile au premier abord d'associer Boulogne-Billancourt à l'architecture. Et pourtant, artistes, architectes et industriels ont marqué la ville durant les années 1930 érigeant, entre autres, de superbes immeubles Art déco. Mais pour se rendre pleinement compte de l'énergie créatrice de cette période de l'entre-deux-guerres, le mieux est encore d'aller faire un tour au musée des Années 30. Sur une surface de 3 000 m², attardez-vous devant les peintures, les sculptures et les pièces de mobilier dont le célèbre « meuble au char » de Jacques-Émile Ruhlmann. Une chose est sûre, vous quitterez le musée avec une folle envie d'y retourner pour admirer à nouveau les œuvres de Paul Landowski, Charlotte Perriand ou Maurice Denis. N'hésitez pas à y emmener vos enfants qui pourront, eux-aussi, explorer les collections du musée munis d'un livret-jeu disponible gratuitement sur demande à l'accueil.

Espace Landowski, 28, av. André Morizet, Boulogne-Billancourt. Mar-dim. 11h-18h. F. lun., 1er janv., 1er mai & 25 déc. Tarif plein : 7 €, gratuit pour les moins de 26 ans & 1er dim. du mois. www.boulognebillancourt.com/loisirs/culture/les-musees/musee-des-annees-trente

Option 2

Musée et jardin Albert Kahn,

un voyage de l'Occident à l'Orient

Vous êtes ici dans l'ancienne propriété d'Albert Kahn, banquier et philanthrope, animé par un idéal de paix universelle favorisé par l'échange et la coopération entre les peuples. Situé à deux pas de la Seine, le musée départemental Albert Kahn lui rend honneur et propose

de se plonger dans ses travaux du 20e siècle consacrés à la diversité des peuples et des cultures. Fin 2021 (réouv. prévue), un nouveau bâtiment permettra de mieux mettre en valeur les collections. Pour parfaire la visite, ne manquez sous aucun prétexte les jardins du musée, de véritables paradis qui invitent au voyage, en traversant l'Occident et l'Orient en quelques pas. Outre les sublimes jardins anglais, le jardin japonais fascine en toutes saisons avec ses montagnes d'azalées, ses bonsaïs et ses cerisiers, en fleur au printemps. Au sein d'un de ses deux pavillons, vous pourriez même assister à une cérémonie de thé traditionnelle seulement effectuée quelques fois dans l'année. À vos agendas !

1, rue des Abondances, Boulogne-Billancourt. Avr.-sept. : mar.-dim. 11h-19h ; oct.-mars : mar.-dim. 11h-18h. F. lun. & 25 déc.-1er janv. Tarif : 4 €, gratuit pour les moins de 26 ans et 1er dim. du mois ; 2 € supplémentaires pour les vis. guidées. Réservation pour les visites le week-end. Réouv. du musée prévue fin 2021 au 14, rue du Port. albert-kahn.hauts-de-seine.fr

Ski Nautique Club de Paris,

tout schuss sur la Seine !

Pas la peine de se rendre à la mer pour s'offrir des activités aquatiques, la Seine est tout aussi propice aux sports de glisse. Vous ne rêvez pas, il est tout à fait possible de s'essayer au ski nautique le week-end de 14h à 18h pour une expérience originale. Vêtu de votre combinaison, à vous les sensations fortes avec en toile de fond le quartier d'affaires de La Défense !

1, allée du Bord de l'Eau, Paris. Tarif baptême : 50 € adulte, 40 € jeune et 30 € pour les moins de 10 ans. Ouv. déb. mai-fin oct. Session sam.-dim. 14h-18h. www.skinautiqueclubdeparis.com

Saint-Cloud & Sèvres

Un grand bol de vert !

S'étendant entre la Seine et la forêt de Fausses-Reposes, le parc de Saint-Cloud est une réserve inépuisable de chlorophylle ! Sentiers, longues allées droites, bassins et terrasses se succèdent depuis les berges de la Seine jusqu'en haut du coteau, offrant tour à tour des zones ombragées coupées de tout et des panoramas spectaculaires sur Paris. On pourrait y passer la journée à déambuler au vert sans en venir à bout ! Ménagez-vous tout de même du temps pour la visite de la Manufacture de Sèvres et une fin de journée dépaysante dans l'ambiance balnéaire de l'île Monsieur, en bord de Seine.

Infos pratiques

DURÉE

21 min

depuis Saint-Lazare, 38 min depuis la gare d'Austerlitz

GARE D'ARRIVÉE

Saint-Cloud

ou Boulogne - Pont de Saint-Cloud

TRANSPORT

Ligne L

(Transilien), ou Ligne 10 (Métro)

RETOUR DEPUIS

Pont de Sèvres

(Métro Ligne 9)

Attraits principaux de la balade

- Du vert, du vert et encore du vert !
- La beauté du domaine national et sa facilité d'accès en font une escapade agréable en toute saison
- Une collection de chefs-d'œuvre uniques au monde à la Manufacture de Sèvres
- Une ambiance balnéaire le long des pontons de l'île Monsieur

Conseils / Avant le départ

→ Lors des journées les plus chaudes, la fréquentation augmente dans le domaine national et les restaurants affichent vite complet. Réservez quelques jours à l'avance ou bien prévoyez de pique-niquer

→ En été, pensez à programmer votre visite en fonction du calendrier des ateliers proposés au domaine de Saint-Cloud et réservez vos places à l'avance

La matinée ne sera pas de trop pour parcourir les points les plus intéressants du parc de Saint-Cloud, trouver les meilleures vues sur Paris et s'asseoir pour une pause rafraîchissante près de la grande cascade.

L'immensité du domaine invite à la flânerie et à la rêverie...

Le domaine national :

une réserve inépuisable de promenades

Ses jardins à la française et à l'anglaise, ses vastes allées ombragées et ses terrasses dégagées, ses cascades et ses fontaines se découvrent surtout à pied ou à vélo (les voitures sont autorisées... ne soyez pas surpris d'en croiser quelques-unes). Chaque détour du parc de Saint-Cloud est une invitation à la flânerie et à la contemplation. Classé aux monuments historiques, le domaine, veillé par son important statuaire mythologique, constituait un ensemble de jardins descendant vers la Seine depuis le château de Saint-Cloud, disparu en 1870. Joggeurs, amateurs de fleurs et d'oiseaux, simples passants, familles : tout le monde y trouve son compte et profite, au long de l'été, des nombreuses activités proposées sur le domaine (visites guidées, ateliers photos, découverte des plantes...). Partout, des kiosques et restaurants invitent à la pause, alors que les vues sur Paris défilent au détour de chaque terrasse. Une beauté rare pour une escapade à la fois nature et artistique.

Saint-Cloud. Mars-avr. & sept.-oct. : t.l.j. 7h30-21h ; mai-août : t.l.j. 7h30-22h ; nov.-fév. : t.l.j 7h30-20h. Entrée gratuite pour les piétons. www.domaine-saint-cloud.fr

À NOTER DANS L'AGENDA

LE PLUS GRAND FEU D'ARTIFICE D'EUROPE

Réservez vos places si vous envisagez de visiter le parc à la rentrée. Chaque année, début septembre, un gigantesque feu d'artifice – autant parler de spectacle pyrotechnique – est tiré face à la grande cascade. 10 000 personnes ont le privilège d'accéder aux meilleures places !

www.le-grand-feu.com

Le parc de Saint-Cloud compte de nombreux restaurants pour tous les budgets et proposant divers types de cuisine. Ils sont souvent pris d'assaut le week-end : nous vous recommandons de réserver votre table en haute saison. Il est également agréable de pique-niquer dans le parc aux beaux jours.

Se régaler de crêpes au milieu de la verdure

à L'Orangerie

Parmi les nombreux établissements du parc, L'Orangerie se démarque par son atmosphère décontractée et sa belle terrasse aménagée sous le feuillage des platanes. Des crêpes savoureuses, des grandes salades à base de produits frais et des planches variées ou des snacks à toute heure de la journée, le tout dans un cadre idyllique où le joli mobilier de bois se fond à merveille dans la verdure exubérante autour du restaurant. L'établissement restant ouvert dans la soirée, on apprécie tout particulièrement de pouvoir s'y attarder, lorsque la fréquentation du parc se fait moins dense.

Domaine de Saint-Cloud, allée de la Glacière. 09 86 43 95 75. Mai-août : t.l.j. 10h-minuit ; sept.-avr. : t.l.j. 10h-18h. Galettes 12-17 €, planches 18 €. www.lorangerie24jets.com

AVEC LES ENFANTS

Le jardin du Piqueur

Dans cette micro-ferme pédagogique située à quelques pas de la porte Verte, on initie les jeunes aux gestes importants pour l'environnement à travers des activités favorisant le contact avec les animaux : chèvres, brebis, poules et lapins. Autour du potager, on apprend les gestes et réflexes devenus désuets dans le milieu urbain. Parallèlement, un petit café associatif propose des formules déjeuner bon marché et de la vente de produits issus du potager.

01 75 60 38 08. Lun.-ven. 9h30-17h, sam.-dim. 10h30-18h. Facebook : Piqueur

Rejoignez la grille de Sèvres et quittez le parc pour pénétrer dans le saint des saints des arts de la table et de la décoration : le musée national de la Céramique de Sèvres ! Vous n'aurez ensuite qu'à traverser la rue de Saint-Cloud pour rejoindre le parc de l'île Monsieur, pour une fin de journée au bord de l'eau.

120 céramistes travaillent à la Manufacture de Sèvres

La Manufacture de Sèvres

ou comment mettre les petits plats dans les grands !

Plus qu'un musée, la Manufacture de Céramique de Sèvres est toujours un centre bouillonnant de création prouvant que la mode change mais que la façon reste. Le bâtiment abrite l'une des plus importantes collections de céramique au monde. Des pièces issues de différentes écoles, françaises ou internationales et surtout de différentes époques, y compris contemporaine. Le parcours plaira autant aux initiés qu'aux néophytes, de la visite guidée des collections (tous les dim. sf 1er dim. du mois, 14h30, 5 € en sus, durée 1h30).

2 pl. de la Manufacture, Sèvres.
01 46 29 22 05. T.l.j. sf mar. 10h-12h & 14h-18h. Tarif : 7 €, gratuit pour les moins de 18 ans & 1er dim. du mois.
www.sevresciteceramique.fr

Le musée national de la Céramique présente une splendide collection

Entre fleuve et prairie, ambiance écolo et bucolique sur l'île Monsieur

Face à la Manufacture se trouve l'accès sud à la base nautique de l'île Monsieur. L'île, qui n'en est plus une depuis que le bras de la Seine qui la séparait du domaine a été comblé au 19e siècle, doit son nom à celui qui en devint propriétaire en 1678, le duc d'Orléans, frère de Louis XIV, qui lui en fit présent pour offrir un accès à la Seine depuis le parc de Saint-Cloud où il possédait son château. Laissée à l'abandon depuis le début du 20e siècle, elle a trouvé aujourd'hui une nouvelle vocation résolument orientée vers la nature, avec une organisation écologique des espaces verts, et vers les loisirs nautiques avec l'implantation de nombreux clubs sportifs. Pas de location sauf si vous êtes adhérent, mais une jolie promenade en perspective dans un parc luxuriant où il fait bon se poser en fin de journée. Et si naviguer vous tente, sachez que la base nautique organise régulièrement en été des journées d'initiation au kayak, à l'aviron et à la voile.

4, rue de Saint-Cloud, Sèvres. 01 46 29 00 00.
www.ile-de-monsieur.fr

Marly-le-Roi & Louveciennes

Dans l'intimité du Roi-Soleil

Une machine à pomper l'eau qu'auraient jalousé les Shadoks, un château et un domaine où s'exposait tout le faste de la cour, un aqueduc aux dimensions hors normes… Dommage qu'il faille en parler au passé ! Mais si le souffle de l'Histoire a balayé les réalisations du temps de Louis XIV, Marly-le-Roi et Louveciennes ont conservé tout leur charme de villages d'antan, entre lesquels on navigue par des sentiers buissonniers non sans replonger, le long des anciens bassins, sur les rives de la Seine ou au musée du Domaine royal de Marly, dans l'intimité du Roi-Soleil avec qui l'on revivra même, grâce à la réalité virtuelle, l'éclipse du 3 mai 1715.

Infos pratiques

DURÉE

35 min
depuis la gare Saint-Lazare

GARE D'ARRIVÉE

Louveciennes

TRANSPORT

Ligne L
(Transilien)

RETOUR DEPUIS

Marly-le-Roi

Attraits principaux de la balade

- Des ruelles de village, des sentes buissonnières et un domaine royal : la balade offre une belle variété de décors
- Hormis la visite du musée, la journée se déroulera intégralement en plein air

Conseils / Avant le départ

→ De bonnes chaussures sont recommandées pour descendre jusqu'à la machine de Marly. De la boue et des pavés glissants peuvent être au rendez-vous en cas de pluie

→ Emmenez une petite réserve d'eau, vous ne trouverez pas beaucoup de points de ravitaillement entre les étapes

→ Réservation conseillée pour le déjeuner Au Vieux Marly, le nombre de places étant limité

Après une rapide traversée de Louveciennes, la matinée vous mènera par des sentiers buissonniers jusqu'à l'emplacement de la machine de Marly, en bord de Seine. Puis vous rejoindrez le vieux Marly via l'imposant aqueduc de Louveciennes.

Une étonnante machine

Commencez par remonter la rue Saint-Michel et son prolongement, la rue de Voisins. 10 min plus tard, au croisement avec la D102, tournez à droite et suivez le fléchage jusqu'à la machine.

On la surnommait « la huitième merveille du monde ». Pompant l'eau de la Seine, après que Vauban a engagé de titanesques travaux sur le fleuve en reliant entre eux tous les îlots formant aujourd'hui l'île de la Loge, la machine hydraulique imaginée par Arnold de Ville et réalisée par le maître charpentier Rennequin Sualem expédiait l'eau 160 m plus haut, au sommet du coteau, d'où elle suivait des canaux jusqu'aux bassins et fontaines de Marly-le-Roi et Versailles. Entièrement démantelée, la machine disparue reste un beau prétexte de promenade dans les bois, et les panneaux disséminés sur le sentier d'interprétation permettent d'appréhender le gigantisme du projet. Dans la descente vers l'emplacement de la machine, suivez les panneaux de la « liaison verte » (fléchée) pour accéder à un joli point de vue sur la Seine et Paris.

Revenez ensuite sur vos pas jusqu'au croisement avec la D102 et rejoignez l'aqueduc de Louveciennes via l'avenue Saint-Martin.

UN CHÂTEAU POUR LA FAVORITE

Le long de la rue de la Machine se trouvent le château de Madame du Barry puis son pavillon de musique, construit par Louis XV pour sa favorite, qui aimait y passer du temps malgré le bruit assourdissant de la machine voisine. Le parc est très occasionnellement ouvert à la visite ; renseignez-vous à l'office de tourisme si vous projetez cette balade lors des Journées du patrimoine.

Aqueduc de Louveciennes :

au sommet coulait une rivière

Courant entre le domaine de Marly et la machine, cette gigantesque construction est le point culminant du système de pompage, qui avalait l'eau captée en aval par les 14 roues à aubes et 260 pompes de la machine. En suivant ses 36 arches sur pas moins de 643 m de long entre la tour du Levant et la tour du Jongleur, et en imaginant l'aqueduc en liaison avec la machine, vous prendrez vite conscience de la prouesse architecturale que représentait l'ensemble du système d'alimentation. En 1866, les progrès techniques permirent de remplacer l'aqueduc par des canalisations souterraines.

L'aqueduc de Louveciennes, construit sous le règne de Louis XIV

La charmante Grande Rue dans le vieux Marly

Au cœur du village, le restaurant Au Vieux Marly est une institution familiale idéale pour se détendre le temps d'une pause déjeuner sur la terrasse ombragée ou dans la chaleureuse salle intérieure.

Déjeuner sous les tilleuls

Au Vieux Marly

Petit restaurant familial au cœur du village, Au Vieux Marly propose des formules simples : charcuterie ou petite salades en entrée, plats du jour, tartes salées ou salades de pâtes à suivre, et d'excellentes pâtisseries maison en dessert. On se régale dans la petite salle intimiste à l'intérieur comme sur la terrasse aux beaux jours, où l'ombre des tilleuls distille une fraîcheur agréable. Si vous passez dans l'après-midi, commandez-vous un *afternoon tea* : une formule salée/sucrée avec petits sandwichs variés, gâteaux, choix de thé et, si vous le désirez, une coupe de champagne. De quoi recharger comme il faut les batteries avant la suite de la promenade.

3, pl. du Général De Gaulle, Marly-le-Roi. 01 39 58 54 40. Mer.-dim. 12h-18h. Tarif : autour de 17 € ; formules *afternoon tea* (sur réservation) : 18-25 €. Facebook : auvieuxmarly

Restez dans le vieux Marly le temps d'une rapide exploration des rues bordées de beaux bâtiments avant de traverser le domaine royal pour rejoindre le musée, qui vous aidera à décrypter l'ensemble des découvertes de la journée.

Aux portes du palais

dans le vieux Marly et le domaine royal

Faites quelques pas dans le vieux Marly : les nobles du régime qui n'avaient pas la chance d'être invités par le roi en son domaine se faisaient construire dans le village des hôtels particuliers dont la Grande Rue a conservé quelques beaux spécimens, entre lesquels s'épanouissent de jolies boutiques aux façades colorées. Rejoignez la porte du Bourg pour entrer dans le domaine royal, ceint de murs. Même s'il ne reste rien du faste avec lequel Louis XIV avait fait décorer son pavillon royal et les 12 pavillons qui accueillaient ses invités, le domaine offre une lecture du terrain assez facile : une superbe étendue verte glissant en pente douce vers l'abreuvoir, et où l'on déambule en s'interrogeant sur les reliefs laissés par les bassins, terrasses, cascades...

Un abreuvoir géant

Immortalisé sur pas moins de 17 tableaux par l'impressionniste Sisley, l'abreuvoir de Marly, pour être situé juste aux portes du domaine, aura été épargné par la destruction. C'est dans ce gigantesque bassin que les chevaux des écuries royales venaient se désaltérer après les longues parties de chasse. Il est le seul monument du domaine à être parvenu jusqu'à nous intact, dans son état d'origine.

L'abreuvoir dans le domaine royal

HÉBERGEMENT

Hôtel Le Parc

Au cœur du vieux Marly, cet établissement de caractère propose des chambres étroites mais agréables et très chaleureuses. Le restaurant Le Gramophone, qui lui appartient, est tout aussi recommandable et programme régulièrement des soirées jazz (44 €, dîner et concert).

29, Grande Rue, Marly-le-Roi. 01 39 58 47 29. Ouv. toute l'année. Chambre double : 90-120 € ; petit déj. buffet 15 € par pers. Formules demi-pension possibles. leparcmarly.fr & www.legramophonemarly.fr

Voyage dans le temps

au musée du Domaine royal de Marly

Le musée du domaine royal, dont la scénographie a été entièrement repensée et modernisée entre 2017 et 2019, fait revivre les grandes heures du domaine et permet d'appréhender plus facilement ce que signifiait « être de Marly » : approcher le roi au plus près et faire partie de ceux qui avaient son oreille et ses faveurs. Une maquette détaille en début de visite les constructions mais également le fonctionnement de la machine et de l'aqueduc, alors qu'une petite expérience de réalité virtuelle donne le loisir de de faire quelques pas au temps de Louis XIV, comme si « vous en étiez ». Une visite absolument nécessaire pour interpréter le paysage du domaine.

1, Grille Royale, Marly-le-Roi. 01 39 69 06 26. Avr.-oct. : mer.-ven. 9h30-12h30 & 14h-18h, sam.-dim.10h30-18h ; nov.-mars : fermeture 1h plus tôt. Tarif : 7 €, gratuit pour les moins de 12 ans. musee-domaine-marly.fr

LE CHEMIN DES IMPRESSIONNISTES

Camille Pissaro et Alfred Sisley ont rivalisé d'efforts pour peindre Marly-le-Roi et Louveciennes, cherchant sans cesse les plus beaux sujets et les meilleurs points de vue. Nombre de leurs tableaux émaillent les rues, places et sentiers tout autour du domaine et forment un agréable parcours que vous pouvez suivre en son entier (dépliant disponible à l'office de tourisme de Marly-le-Roi, circuit de 3,8 km, 45 min).

Saint-Germain-en-Laye

Un condensé de noblesse

Destination à la fois chic et nature, Saint-Germain-en-Laye s'articule autour de son joyau, le château royal et ses jardins à la française, dessinés pour Louis XIV par André Le Nôtre, qui réalisa également la grande terrasse : 1 950 m d'une promenade bordée de tilleuls, glissant entre la lisière de la forêt et la Seine en contrebas, et offrant de splendides perspectives sur Paris et tout l'ouest parisien. On s'y attarde avec délectation entre la visite du passionnant musée d'Archéologie et une excursion dans les bois, avant de plonger dans l'univers romanesque d'Alexandre Dumas à Port-Marly ou de se lancer dans une belle rando pour finir une journée dense et attrayante.

Infos pratiques

DURÉE

30 min
depuis Châtelet - Les Halles

GARE D'ARRIVÉE

Saint-Germain-en-Laye

TRANSPORT

Ligne A
(RER)

RETOUR DEPUIS

Saint-Germain-en-Laye

Attraits principaux de la balade

- Une vue incroyable sur la Seine et Paris depuis le balcon de la grande terrasse
- Une riche collection de pièces archéologiques dans un bâtiment digne des plus beaux musées parisiens
- Une escapade romanesque au château de Monte-Cristo, à faire en couple, entre amis ou en famille selon la programmation

Conseils / Avant le départ

→ Laissez talons et mocassins à la maison : si la destination est royale, la tenue devra être adaptée aux pavés et à la terre des sentiers forestiers

→ Renseignez-vous sur la météo : la sortie sur les toits du musée d'Archéologie n'est pas possible en cas de vent ou de forte pluie

→ Réservation nécessaire si vous voulez participer à un escape game ou une murder party au château de Monte-Cristo

→ Pensez à une réserve d'eau pour l'excursion en forêt

Démarrez la journée par une visite enchanteresse au musée d'Archéologie nationale, puis enchaînez sur une promenade le long de l'esplanade. Revenez ensuite vers le centre de Saint-Germain.

L'ancien château, magnifique écrin du musée d'Archéologie nationale

Rendez-vous avec le passé

au musée d'Archéologie nationale

L'ancienne résidence royale, lieu de naissance de nombreux rois de France, dont Louis XIV, transformée en pénitencier militaire à partir de 1836, est choisie par Napoléon III pour abriter un musée des antiquités nationales – c'est encore ce que l'on peut lire sur la façade d'entrée – abritant les fonds celtiques et gallo-romains français. Les collections se sont aujourd'hui considérablement étoffées et mettent en regard, les unes avec les autres, différentes époques et civilisations à travers les recherches archéologiques. Une visite passionnante qui commence dans la cour pentagonale, s'étend à la chapelle Saint-Louis (libre d'accès sauf durant les expositions temporaires) et peut se terminer (uniquement aux beaux jours et en visite guidée) sur les toits du château, offrant une vue panoramique sur la forêt de Saint-Germain, le quartier de La Défense et Paris.

Le château, pl. Charles De Gaulle. 01 39 10 13 00. T.l.j. sf mar. 10h-17h. Tarif : 6 €, gratuit pour les moins de 26 ans. www.musee-archeologienationale.fr

La grande terrasse de Saint-Germain :

un spectacle permanent sur Paris

Les jardins à la française assurent une élégante transition entre le château et la forêt de Saint-Germain. En partie en travaux le temps de la reconstruction du grand bassin (achèvement prévu courant 2022), ils sont délimités à l'est par la grande terrasse, qui domine le coteau de la Seine sur 2,5 km de long.

Un point de vue exceptionnel sur la capitale depuis la lisière de la forêt de Saint-Germain ! Aménagée par Le Nôtre pour le bon plaisir du Roi-Soleil, qui aimait à s'y promener, elle se présente comme un gigantesque balcon offrant une vue imprenable sur Paris. Tous les monuments défilent en un coup d'œil : tours Eiffel et Montparnasse bien sûr, mais également quartier de La Défense, Sacré-Cœur ou encore Beaubourg sont les stars de ce panorama qui s'achève, au pied de la terrasse, par Le Vésinet occupant la troisième boucle de la Seine qui coule au pied de Saint-Germain.

Retour dans le centre historique pour un déjeuner ou un brunch, selon l'horaire et l'envie, au Café des Arts. Si vous avez un peu de temps, goûtez à l'atmosphère de la ville en déambulant dans les rues entre le château et la place du marché, au gré des boutiques, des terrasses de café et des glaciers.

En terrasse ou dans la salle cosy du Café des Arts

Aménagé dans le jardin d'hiver du bâtiment Henri IV, au cœur historique de Saint-Germain-en-Laye, Le Café des Arts profite de la luminosité d'une belle verrière et du cachet des vieux parquets pour offrir un cadre intimiste, chaleureux et confortable. Des formules déjeuner sans prétention mais comptant de bons plats maison sont proposées tous les jours et l'on apprécie, le dimanche, les formules de brunchs salés ou sucrés. Si la qualité des repas est au rendez-vous, on s'attarde avec autant de plaisir dans l'intérieur cosy ou sur la terrasse ombragée pour un simple thé ou une pâtisserie à toute heure de la journée.

3, rue Henri IV. 01 30 61 40 07. Mar-sam. 9h-18h, dim. 10h-15h30. Formules déj. 14,50-18 €, brunch 18-22 €. Facebook : lecafedesartssaintgermain

À NOTER DANS L'AGENDA

LA FÊTE DES LOGES

La plus ancienne fête foraine de la région parisienne se déroule dans la forêt de Saint-Germain de fin juin à mi-août. Inutile donc d'aller y chercher le calme et la contemplation durant l'été, mais pour une sortie en famille, vous ne trouverez pas mieux ! Avec des dizaines de manèges de tous types et pour tous les âges, chacun trouve son compte selon son degré d'amour pour les sensations fortes ou pour le simple divertissement. Dans la grande allée des cuisines, de multiples stands proposent le traditionnel cochon de lait rôti à l'ancienne, plat traditionnel de la fête foraine de Saint-Germain depuis… 1652 !

Vous avez le choix : soit vous partez pour une longue randonnée (13 à 18 km selon votre envie) en forêt de Saint-Germain. Soit vous vous dirigez vers la commune voisine de Port-Marly et l'étonnant château de Monte-Cristo.

Une longue randonnée
dans les bois

Les amateurs de randonnée se lanceront à l'assaut de la forêt en suivant la boucle du « sentier des Oratoires » : 18 km au total, qui peuvent être ramenés à 13. Comptez alors tout de même 4h de marche. Le niveau est facile mais il est recommandé de vous munir d'une carte à l'office de tourisme. Au départ, suivez l'esplanade jusqu'à une grille ouvrant vers la forêt, juste après la demi-lune dessinée par André Le Nôtre au tiers de la terrasse. Pénétrez dans la forêt en direction du camp des Loges et suivez le balisage avec les croix bleues. Vous passerez successivement devant les multiples croix et oratoires de la forêt de Saint-Germain, trônant sur leurs chênes pluricentenaires, mais aussi devant la maison d'éducation des Loges, établissement créé par Napoléon pour l'éducation des jeunes filles issues de familles décorées, et enfin devant la croix de Noaille : une grande colonne dorique marquant le centre de la forêt. Au niveau de la croix vous pouvez choisir de continuer ou de piquer à droite sur la variante qui vous ramène directement vers l'esplanade, vous permettant de couper la dernière boucle.

AVEC LES ENFANTS

Partez chevaucher en forêt !

Rendez-vous à l'extrémité de la grande terrasse pour un tour à dos de poney. Les enfants adorent, le contact avec la natur est assuré et les animaux sont d'un calme olympien ! Tenté par une petite folie ? Offrez-vous un tour en calèche (max. 4 pers dans la forêt et tout le long de la terrasse e regardant défiler au pas des chevaux le splendide panorama sur Paris…

Epona Club. Route forestière de la mare poreuse 07 69 00 20 75. Toute l'année sur rdv. Tarif : 35 €/ 45 €/1h30. www.epona-club.fr

Pause romantique
au château de Monte-Cristo

Issu de l'imagination féconde du romancier Alexandre Dumas, le château de Monte-Cristo et les jardins qui l'entourent se prêtent aujourd'hui à une riche programmation culturelle. Exposition d'art contemporain, concerts de jazz ou escape game sont ainsi organisés régulièrement dans les jardins alors qu'au dernier étage du château, au-dessus du prestigieux salon mauresque, on enquête pour résoudre un meurtre ! Le tout dans un décor romantique fait de grottes, de ruisseaux et de cascades, qui se prête parfaitement, aux beaux jours, à des visites théâtralisées. Notez, sur les façades de la demeure comme sur celle du « château d'If », le petit château gothique qui servait de bureau à Dumas, les nombreuses évocations figurées, nommées ou suggérées des héros de ses œuvres : Edmond Dantès, l'abbé Faria ou encore le moine Gorenflot...

Le trajet depuis Saint-Germain peut se faire à pied (env. 30 min) ou en empruntant le bus 259 au niveau de la gare RER (arrêt l'Ermitage, compter 10 min de bus puis 5 min à pied).

Le Port-Marly. 01 39 16 49 49. Mars-juin et sept.-oct. : mar. & jeu. 10h-12h30 et 14h-18h, mer. & ven. 14h-18h, sam.-dim. & j.f. 10h-18h ; juil.-août : mar.-ven. 10h-12h30 et 14h-18h, sam.-dim. & j.f. 10h-18h ; nov.-fév. : sam.-dim. 13h-17h.
Tarif plein 8 €, réduit 6 €, gratuit pour les moins de 8 ans ; parc seul 4 € (hors expo de plein air) ; vis. guidées 9 €, visites théâtralisées 10 €. Résa obligatoire par téléphone pour les escape games et les murder parties. www.chateau-monte-cristo.com

Le sublime salon mauresque

Alexandre Dumas invite ses premiers invités en 1847 dans son château

Auvers-sur-Oise

De l'art à tous les coins de rue

Placée depuis 1846 à 1h de la capitale, sur la ligne Paris Gare du Nord - Lille, Auvers-sur-Oise a rapidement séduit, en particulier les milieux artistiques, grâce à ses paysages bucoliques, ses chemins champêtres, son église – immortalisée par Van Gogh – et le canotage sur l'Oise, très prisé le dimanche. On y retrouve aujourd'hui le même esprit « campagne » et on suit les pas des peintres de l'époque : le développement pavillonnaire de la ville est resté mesuré et a épargné la plupart des rues et des maisons peintes par les artistes impressionnistes, fauvistes ou paysagistes qui s'y retrouvaient. N'hésitez pas à mettre les pieds dans le tableau : une balade dépaysante et assurément arty !

Infos pratiques

DURÉE

55 min
depuis la gare Saint-Lazare ou 1h05 depuis la gare du Nord

GARE D'ARRIVÉE

Auvers-sur-Oise
À savoir : ligne directe les sam.-dim. et fêtes entre mars et octobre, compter alors 30 min depuis la gare du Nord

TRANSPORT

Lignes J puis H
(Transilien) depuis la gare Saint-Lazare (changement à Pontoise). Depuis la gare du Nord, Ligne H avec changement à Valmondois ou Saint-Ouen-l'Aumône

RETOUR DEPUIS

Auvers-sur-Oise

Attraits principaux de la balade

- Auvers conserve les mêmes allures de campagne qui faisaient déjà son charme quand les peintres y cherchaient leur inspiration
- Un parcours jalonné de reproductions permet de retrouver les principaux lieux immortalisés par Van Gogh, Daubigny, Cézanne...
- Le printemps et l'été : arpenter les ruelles fleuries du village

Conseils / Avant le départ

→ Si Auvers garde son attrait en toutes saisons, la plupart des points d'intérêt présentés ici ne sont ouverts que de mars à octobre ou mi-novembre

→ Prenez de bonnes chaussures pour emprunter le chemin des peintres, parfois boueux

→ Une nuit sur place vous permettra de profiter pleinement de l'atmosphère hors du temps du village

À peine sorti de la gare, le regard ne peut qu'être attiré par l'église surplombant le village. C'est là que commence votre visite d'Auvers, en direction du cimetière. Vous suivrez ensuite le chemin des peintres jusqu'à l'atelier Daubigny.

Les tombes des frères Van Gogh et la sente du Montier :

petit pèlerinage dans les pas des peintres

Montez depuis l'église jusqu'au cimetière que vous rejoignez en dix minutes à peine. Au milieu de l'enceinte nord, vous trouverez, enfouies sous un dense tapis de lierre, symbole d'attachement et de fidélité, les tombes des deux frères Vincent et Théo Van Gogh, morts à 6 mois d'écart. Si Vincent Van Gogh repose à Auvers depuis sa mort, la dépouille de son frère ne l'y rejoignit qu'en 1914, à la demande de l'épouse de ce dernier qui voulait voir les deux frères réunis. Depuis le cimetière, ne redescendez pas vers l'église mais empruntez la sente du

L'ÉGLISE NOTRE-DAME DE L'ASSOMPTION

Immortalisée par Van Gogh en 1890, l'église domine le bourg, à mi-hauteur entre le fleuve et le coteau, depuis le milieu du 12e siècle. Si les plus méticuleux joueront à deviner les différences entre le tableau et la réalité (plusieurs détails ont été omis ou ajoutés par Van Gogh, d'autres ont disparu lors des travaux de restauration ultérieurs), les amateurs d'architecture y trouveront également leur compte, avec un intérieur remarquable par sa nef gothique.

Ruelle fleurie dans le village

Montier, un itinéraire bucolique courant à travers champs jusqu'à la maison-atelier Daubigny, et où Van Gogh a réalisé son *Champ de blé aux corbeaux*. Le chemin domine le coteau, offrant des vues inspirantes sur le village, les champs et les bois alentour, dans les mêmes sentiers que suivaient les peintres en quête de paysages.

Maison-atelier de Daubigny,

dans l'intimité de l'artiste

En 1860, le peintre Charles-François Daubigny fait construire sa maison à Auvers-sur-Oise. Le paysagiste y produit ses toiles les plus représentatives en cherchant son inspiration le long des rives de la Seine et de l'Oise, descendant parfois le fleuve jusqu'à Honfleur à bord de son *Botin* (voir p. 107) aménagé en atelier de peinture. Ayant décoré la chambre de sa fille pour ses 20 ans, il se laissa convaincre par son ami le peintre Camille Corot de décorer le reste de sa maison. Les fresques réalisées par les deux amis, mais également par Karl, le fils de Daubigny, sont des œuvres uniques et très personnelles. Point d'orgue de ces créations : les fresques murales de l'atelier, dont Corot traça les esquisses et Daubigny réalisa les peintures. Une visite envoûtante et intimiste.

61, rue Daubigny. 01 34 48 03 03. Fin mars-fin oct. : sam.-dim. 10h30-12h30 & 14h-18h30.
Tarif plein 6 €, gratuit pour les moins de 12 ans.
www.atelier-daubigny.com

Midi

Après une matinée nature et culture, allez vous revigorer au Relais des Peintres en suivant la charmante rue Daubigny. C'est l'une des plus belles d'Auvers-sur-Oise et Van Gogh y a réalisé plusieurs tableaux, dont *L'Escalier d'Auvers* ou *Racines d'arbres*.

Une belle palette de plats

au Relais des Peintres

Dans ce relais de poste historique à l'emplacement de choix, juste en contrebas de l'église immortalisée par Van Gogh, on savoure en salle ou dans le jardin aux beaux jours une cuisine bistronomique soignée faisant la part belle aux produits de saison et à l'imagination du chef. Si les plats sont d'inspiration rustique (bouchée à la reine, ragoûts, coquelets...), la réalisation tout en finesse permet de se ménager une place pour les excellents desserts, tout aussi bien travaillés. De quoi passer un excellent moment, chouchouté par une équipe aux petits soins.

6, rue du Général De Gaulle. 01 30 36 70 74.
T.l.j. 12h-14h & 19h30-21h30 (f. dim. soir et 15 jours fin juil.-début août). Menus 28-49 €.
www.relaisdespeintres.fr

Point d'orgue d'une visite à Auvers-sur-Oise, l'après-midi démarre par la visite de la chambre où Van Gogh a passé les derniers mois de sa vie. Explorez ensuite l'impressionnante collection du musée de l'Absinthe et offrez-vous une petite dégustation.

Séquence émotions dans la chambre de Van Gogh

Montez à la chambre n° 5 de l'Auberge Ravoux, où logeait Van Gogh pour 3,50 francs par jour... Elle ne fut plus occupée par la suite – l'aubergiste ne pouvant louer la chambre d'un suicidé – et est restée en l'état. Plus qu'une visite, mieux qu'un pèlerinage : c'est à une véritable expérience émotionnelle que nous invite cette chambre sobre, dénuée du moindre mobilier à l'exception d'une simple chaise, où l'imagination permet un nouveau regard sur le peintre maudit. En ce lieu, il avait stocké des dizaines de tableaux réalisés dans la dernière année de sa vie. Les pensées vagabondent en suivant le précepte du maître : « trop de détails effacent la rêverie ». La chambre voisine, qui hébergeait un peintre cubain, est reconstituée avec quelques toiles et un mobilier reflétant les habitudes de l'époque. Elle mène à une salle de projection où vous attend un passionnant documentaire qui nous fait rentrer dans l'intimité du peintre à travers des extraits des lettres écrites à ses proches. Ne partez pas sans un crochet par la boutique, très bien fournie en livres et objets de déco liés au peintre comme à l'auberge.

52-56, rue du Général De Gaulle. 01 30 36 60 60. Déb. mars-mi-nov. : mer.-dim. 10h-18h. Tarif plein 6 €, gratuit pour les moins de 12 ans. www.maisondevangogh.fr

La salle de restaurant de l'Auberge Ravoux reste fermée en 2021. L'accès à la chambre de Van Gogh, d'une surface de 7 m², demeure tributaire des contraintes sanitaires, mieux vaut se renseigner.

Les Racines de Van Gogh

Au printemps 2020, profitant du confinement, le docteur Wouter van der Veen, directeur de l'institut Van Gogh, class de vieilles cartes postales d'Auvers-sur-Oise. Interpellé par la forme singulière de racines émergeant d'un taillis sur un cliché, il émet l'hypothèse qu'elles aient inspiré le tout dernier tableau de Van Gogh, peint le 27 juillet 1890 peu avant son suicide : *Racines d'arbres*. Le 28 juillet 2020, il se rend à Auvers où il localise, rue Daubigny, à quelques dizaines de mètres de l'Auberge Ravoux, l'emplacement et les mêmes racine que celles immortalisées par le génie 130 ar et 1 jour plus tôt. Elles sont malheureuseme pour l'heure cachées à la vue du public par souci de conservation.

HÉBERGEMENT

Hôtel des Iris

Jouant la carte de la sobriété et de l'élégance, ce petit établissement aménagé dans l'ancien bureau de poste dispose de huit chambres spacieuses, confortables et lumineuses. Toutes ont leur propre atmosphère. Si la décoration évoque partout les œuvres de Van Gogh, le mobilier, créé par des artisans français, est lui, résolument moderne et conçu spécialement pour l'hôtel, se fondant avec goût dans les teintes apaisantes choisies pour chaque chambre. L'après-midi, l'espace du rez-de-chaussée ouvre ses portes sur un agréable salon de thé où l'on savoure des thés du monde, des jus de fruits frais et des pâtisseries maison.

21, rue du Général De Gaulle. 01 30 37 79 18. Ouv. toute l'année. Chambre double 99-169 € ; petit déj 14 €. www.hoteldesiris.com. Vélos électriques proposés gratuitement aux clients de l'hôtel.

Rencontre avec la « fée verte »

au musée de l'Absinthe

Boisson très populaire entre le Second Empire et la Première Guerre mondiale, l'absinthe fut interdite à partir de 1915, accusée de contenir des substances neurotoxiques. La « fée verte », comme on la surnomme alors, est sans doute responsable de dommages massifs dans les milieux ouvriers comme dans les milieux artistiques – Van Gogh en était totalement dépendant. Le musée raconte les hauts et les bas de cette boisson controversée, mais aussi son empreinte sociale en recréant l'ambiance d'un café Belle Époque. Verres, cuillères, fontaines à eau : l'absinthe nécessitait tout un rituel pour être servie correctement à la période où elle était, en France, plus consommée que le vin. On finit par la visite du jardin de plantes aromatiques.

44, rue Callé. Mars-Toussaint : sam.-dim. & j.f. 13h30-18h.Tarif : 6 € (+ 4 € pour une dégustation). www.musee-absinthe.com.

Prenez la direction de la maison du docteur Gachet. Tout en restant dans le registre artistique, la balade vous fera passer sous le château d'Auvers et découvrir de nouvelles rues bordées de maisons cossues et de jardins fleuris.

Jardin de la maison du docteur Gachet

Dans la maison du docteur Gachet,

le mécène de Van Gogh

En 1872, le docteur Gachet, médecin originaire de Lille et officiant à Paris, acquiert sa maison à Auvers-sur-Oise. Passionné de peinture et de gravure, il devient mécène pour de nombreux peintres, dont Van Gogh, qu'il invitera chez lui. Artiste à ses heures, il fait aménager un grand atelier qui voit défiler Pissaro, Cézanne, Monet, Renoir... Si l'ensemble de ses collections de peintures ont disparu au fil des ventes et héritages, la maison et le jardin qui a inspiré et hébergé tant d'artistes se visite toujours et propose chaque été des expositions temporaires sur les thèmes qu'affectionnait le docteur. Les toiles réalisées par des artistes devenus ses amis comme *La Maison du docteur Gachet* (Cézanne), *Dans le jardin du docteur Paul Gachet* ou encore *Le docteur Paul Gachet* (Van Gogh) sont conservées au musée d'Orsay.

78, rue du docteur Gachet. 01 30 36 81 27.
Mer.-dim. 10h30-18h30. Tarif : 4 €.

Quittez les impressionnistes pour un peu de culture gastronomique américaine, le temps d'un burger mais « à la française ». Attention, pause ultra calorique !

L'Atelier Gourmand :

la Rolls des burgers !

Bienvenue dans ce petit temple dédié au burger mais tournant résolument le dos à la junk food. Ici, on cuisine le burger avec du pain maison sans gluten, une viande

Angus sélectionnée par le boucher, des œufs de la ferme et des produits locaux et de saison. Et surtout une créativité permanente. Pour preuve, le Luz del Sol, à la sauce *chumichurri*, ou le Gourmet, au camembert pané, tous deux sélectionnés lors des dernières coupes de France du Burger. La carte recèle encore d'autres trésors pour les amateurs de piment ou d'épices en général, de fromage ou même les végétariens.

11, rue du Général De Gaulle. 01 75 81 24 02. Mer.-dim. 12h-14h & 19h-22h. Formule midi : 13,90 € ; burgers 13,80-18 €. Facebook : AtelierGourmandAuvers

Direction les bords de l'Oise pour vous offrir une promenade contemplative au fil de l'eau. Avant de quitter Auvers, faites une pause à la gare, dans les fourgons postaux transformés en librairie d'occasion.

Excursion sur *Le Botin*

Un second jour à Auvers-sur-Oise sera l'occasion d'aller passer un peu de temps sur cette frêle embarcation de bois, réplique presque exacte de l'embarcation bricolée par Daubigny pour aller naviguer sur l'Oise et la Seine et y dénicher des paysages à peindre. Une barque de passeur à fond plat sur laquelle il avait construit un petit abri et qu'il faisait haler depuis la berge, souvent par son fils. Six personnes peuvent y embarquer pour aller sur les traces du peintre, jusqu'à Pontoise ou l'Isle-Adam (compter 2h AR).

Association Le Botin d'Auvers-sur-Oise. 06 27 34 96 51. Durée et itinéraire de la balade à convenir avec l'association. Tarif : 12 €, 5 € pour les 3-14 ans. Résa 48h à l'avance obligatoire.

La Caverne aux livres : des fourgons de bouquins !

Parfaitement conservés et trônant à l'entrée de la gare, deux anciens fourgons postaux des années 1930 ont été acquis par un bouquiniste passionné en 1997. Difficile de vous dire s'il faut y entrer pour les livres, qui abordent tous les genres, ou pour voir les équipements des wagons, qui ont conservé leur agencement et mobilier de l'époque, avec leurs sièges à gain de place façon selle de vélo, sur lesquels les fonctionnaires des PTT opéraient le tri du courrier pendant les longs trajets ferroviaires.

1, pl. de la Gare. 01 34 48 02 87. Jeu.-ven. 14h-18h, sam.-dim. 11h-18h. Facebook : lacaverne auxlivres

Chantilly

La vie de château

On vous dit Chantilly, vous pensez château et chevaux ? Gagné. Mais chantilly c'est aussi le nom d'une crème fouettée légendaire qui sublime aussi bien tartes aux fraises que tartes tatin. C'est également le nom d'une dentelle en soie fine, noire et élégante, qui continue de faire la gloire des maisons de couture françaises ! Plutôt pas mal pour cette petite ville des Hauts-de-France de 11 000 habitants à l'allure légèrement british. Reconnue Ville d'art et d'histoire, Chantilly se situe au cœur d'un domaine naturel immense propice aux balades en tout genre. Si vous prévoyez une escapade de deux jours, c'est l'idéal pour vous plonger dans son histoire et explorer sa forêt !

Infos pratiques

DURÉE

25 min
depuis la gare du Nord

GARE D'ARRIVÉE

Chantilly - Gouvieux
Attention : c'est la seule destination non accessible avec le passe Navigo®.
Prix : 8,70 € l'aller

TRANSPORT

TER Hauts-de-France
à destination d'Amiens

RETOUR DEPUIS

Chantilly - Gouvieux

Attraits principaux de la balade

- Admirer de près *Le Massacre des Innocents* de Poussin et *Les Trois Grâces* de Raphaël
- Se replonger dans l'Histoire de France
- Déguster de la vraie crème chantilly (au lait cru) au resto Le Hameau
- Assister à un spectacle équestre / monter à cheval (Jour 2)

Conseils / Avant le départ

→ Renseignez-vous sur l'offre en cours des packs TER qui proposent un tarif préférentiel pour visiter le domaine de Chantilly avec un billet A/R valable 72h

→ Définissez bien vos envies sur le domaine de Chantilly (spectacle équestre ou pas / visite guidée ou pas) pour trouver la meilleure formule tarifaire

→ Prévoyez un pantalon pour la balade à cheval (Jour 2) et une tenue chic pour le resto étoilé du soir si vous restez dormir

→ Réservez à La Table du Connétable (soir du Jour 1)

→ Téléchargez l'appli de randonnée de la région : www.parc-oise-paysdefrance.fr

Direction le domaine du Château de Chantilly, à 20 minutes à pied de la gare. Sur place, il y a tant à voir et à faire que la journée entière ne sera pas de trop ! Rien que l'exploration des salles du château va vous prendre toute la matinée.

Arrêt sur image au château de Chantilly

On l'ignore souvent mais Chantilly abrite la deuxième plus grande collection de peintures anciennes, juste derrière celle du Louvre avec des tableaux d'Ingres, Watteau, Delacroix, Raphaël, etc. Son dernier propriétaire, le duc d'Aumale (fils de Louis-Philippe et filleul du dernier prince de Condé) a accumulé des centaines de peintures, de dessins et d'estampes et presque autant de livres et de photographies anciennes tout au long de sa vie. Meurtri par le décès de ses deux fils à peine âgés de 20 ans, méfiant à l'égard de l'État (après avoir connu la gloire militaire sous la monarchie de Juillet, la révolution de 1848 le contraint à l'exil pendant 23 ans), il décide de léguer le domaine de Chantilly à l'Institut de France dès 1886. À une seule condition : que rien ne change après sa mort. Résultat : le temps semble figé dans ces pièces typiques de l'esthétisme des 17e et 18e siècles avec dorures, lustres et singeries. Le nec plus ultra ? Se glisser dans les pas d'un guide pour une visite émaillée d'anecdotes (5 € la visite guidée) qui vous mènera des appartements privés aux appartements d'apparat.

T.l.j. sf mar. : 10h-18h (20h pour le parc) de fin mars à fin oct. et 10h30-17h (18h pour le parc) de début nov. à fin mars. Tarif : 17 € le billet domaine (accès au château, aux expos, au parc et aux grandes écuries) ; 30 € le billet domaine + spectacle ; 48 € le billet famille. domainedechantilly.com

Retour au grand air pour un déjeuner bucolique. Votre objectif : Le Hameau, qui se situe dans le jardin anglo-chinois.

Céder à la gourmandise au Hameau

Rejoignez l'ensemble de cinq charmantes maisonnettes dont l'histoire dit qu'il inspira à Marie-Antoinette celui de son Petit Trianon de Versailles. L'une d'elle a été transformée en un restaurant saisonnier qui sert une cuisine de terroir (salade de chèvre chaud, confit de canard). N'oubliez pas de garder une place pour goûter à leur chantilly, exécutée dans les règles de l'art.

Domaine de Chantilly. 03 44 57 46 21. Mars-nov. : 12h-18h (quand le domaine est ouvert). Menu à partir de 24 €.

Après ces agapes, une balade digestive dans le parc s'impose. Pour en faire le tour et arpenter ses 115 hectares, comptez un peu moins de 2 heures. Il ne faudrait pas louper ensuite un coucou aux chevaux.

Le temple de Vénus, une folie érigée au 19e siècle

L'île d'Amour, où se dresse la statue d'Éros, dans le jardin anglais

Le parc du Château :

trois jardins, trois styles, trois époques

C'est un résumé de tout ce que les jardins occidentaux ont pu créer de plus beau du 17e au 19e siècles entre les grands parterres à la géométrie parfaite dessinés par Le Nôtre, la végétation plus dense et plus sauvage du jardin anglo-chinois et le romantisme de l'île d'Amour qui fait tout le charme du jardin anglais. Pour aller plus vite ou pour profiter du cadre enchanteur, vous trouverez sur place plein d'activités annexes : petits bateaux à pédales, barques, rosalies et voitures électriques. Attention, tout cela a un prix !

Infos sur les horaires et les tarifs des activités sur domainedechantilly.com

Les Grandes Écuries,

l'autre joyau du domaine

C'est pour rivaliser avec Versailles et la folie des grandeurs de Louis XIV que le prince de Condé commande à Jean Aubert la construction de ces écuries en 1719. À l'époque, elles pouvaient accueillir jusqu'à 240 chevaux. Aujourd'hui, il y en a beaucoup moins mais Les Grandes Écuries comptent toujours parmi les plus impressionnantes d'Europe. Sur place, vous pourrez assister à des démonstrations équestres mais s'il y a un spectacle à l'affiche le jour de votre venue, ne le loupez pas. Entre la prouesse des chevaux, la voltige des cavaliers et la beauté du dôme de 28 m de haut où il se déroule, on en prend plein les yeux. Le musée du Cheval attenant attendra une autre visite !

Domaine de Chantilly. 03 44 27 31 80. Tarif : 22 € le spectacle équestre. Formule à 30 € qui comprend l'accès du domaine et le spectacle.

↗ Les Grandes Écuries

HÉBERGEMENT

Hôtel Le Chantilly

Situé au cœur de la ville, à mi-chemin entre la gare et le château, c'est un point de chute parfait. Niché dans un ancien relais de poste du 18e siècle, ce boutique-hôtel équipé de 20 chambres cultive le sens de l'accueil et le charme de l'authentique avec parquet, poutres, pierres apparentes, bibliothèque, cheminée et lits douillets.

9, petite place Omer Vallon. 03 44 21 42 84.
Chambre Cosy : à partir de 150 € pour 2 pers.
www.hotel-lechantilly.com

S'offrir le luxe d'une table étoilée :

La Table du Connétable

C'est LA table gastronomique de la ville auréolée d'une étoile. Une distinction qui récompense son cadre raffiné mais qui vaut surtout pour la cuisine d'une élégance rare d'Anthony Denon, un jeune chef formé chez Ducasse. Parmi les plats qui ont fait sa renommée, il faut absolument goûter la culoiselle (une volaille) servie avec maïs grillé et crème au foin et son dessert chocolaté aux graines de caroube.

4, rue du Connétable. 03 44 65 50 05.
Jeu.-sam. 19h-21h30 (+ ouv. sam. midi).
Menu découverte : 85 €. Résa conseillée.
www.aubergedujeudepaumechantilly.fr

Après une journée entière passée sur le domaine du château, il est temps d'explorer la nature environnante. À pied, à vélo, à cheval, à vous de choisir !

Option 1

À dada dans les bois
avec l'Espace équestre

Rendez-vous à l'Espace équestre pour une sortie à cheval de 3h ou 4h. Que vous soyez débutant ou confirmé, l'équipe de ce centre s'adapte pour vous proposer des balades en fonction de votre niveau et de vos envies. Vos compagnons de route ? Des Henson, une race de cheval née en baie de Somme connue pour son endurance. Avant de partir en balade, il faudra aller les chercher dans leur pâture et les préparer.

Espace Équestre Henson Chantilly-Apremont, 31-33, rue des Cascades. 06 48 10 51 45. T.l.j. 10h-13h & 14h-17h. Tarif : 56 € pour 3h et 65 € pour 4h (prêt de casque, de bottes et de bombe inclus). www.henson.fr

Option 2

Vous préférez rouler ?
Rendez-vous chez Bobebike

Passionné par sa région, Antoine, le patron de cette boutique de locations de vélos, est la personne toute trouvée pour préparer un itinéraire de balade sur mesure. Avec ou sans lui, vous pourrez aller facilement jusqu'aux étangs de Commelles. Le chemin n'est pas si long et traverse les pistes d'entraînements des chevaux de course. À noter : il propose aussi la livraison de vélos à la gare ou à l'hôtel !

Carrefour des Lions. 06 03 44 89 73. Tarif : 25 € la loc. à la journée (32 € pour un vélo électrique ; 20 € pour un VTT), 32 € la balade à vélo guidée par personne. www.bobebike.com

Pour reprendre des forces, direction rue du Connétable.

Pause salée-sucrée
près du château

Si la Covid 19 n'a pas totalement découragé les petits salons de thé de la rue d'ouvrir à leurs jours habituels, vous pourrez peut-être vous attabler chez Couleurs Café (au n° 97) pour un en-cas sucré-salé. Sinon, arrêtez-vous à la **Boulangerie du Château :** entre ses pains gourmands salés, ses sandwichs, ses croque-monsieur, ses choux chantilly et ses gâteaux de saison, le plus dur sera de choisir ! Et en hiver, pour manger chaud, la maison propose même des soupes à emporter (3,50 €) !

24, rue du Connétable. 03 44 57 05 38.
T.l.j. sf mar. 9h-19h.

S'il fait beau à vous les joies du jardin et du potager à l'ancienne. Et s'il pleut, réfugiez-vous plutôt au musée de la Dentelle.

Le Potager des Princes,
retour en enfance

Ambiance bucolique garantie dans ce jardin animalier créé en 2002. Entre courses de poules naines, orchestre de volailles, village de lapins, théâtre de guignol et animaux en tout genre (chevreaux, paons...), c'est un paradis pour les enfants. Et un régal pour les grands à la vue de ces jardins en espalier qui abritent aussi une guinguette, des bassins, des statues et des cascades.

17, rue de la Faisanderie. 03 44 57 39 66. De Pâques à la Toussaint : t.l.j. 10h-12h & 14h-17h. Tarif : 9,50 € (8,50 € enfants). www.potagerdesprinces.com

Ambiance boudoir
au musée de la Dentelle

Ici vous pénétrez dans un monde fait de crinolines, de châles, d'ombrelles et de robes très Second Empire. Au début du 19e siècle, Chantilly donne son nom à une dentelle au fuseau en soie noire reconnaissable à sa finesse et à ses motifs floraux qui emploie alors plus de 1 000 femmes dans la région. Pour tout connaître de son histoire, c'est ici qu'il faut venir.

34, rue d'Aumale. 03 44 60 92 36. Ven.-dim. 14h-18h. Tarif : 5 €. www.chantilly-dentelle.com

Le canal de l'Ourcq

Cap au nord !

De l'eau, de l'art, de l'air : voilà le programme de cette journée qui vous fera remonter le canal de l'Ourcq en passant par Pantin, Bobigny, Bondy et Aulnay-sous-Bois. À chaque coup de pédale, le paysage change et la ville laisse un peu plus de place à la nature : passé les maisons folies du parc de la Villette, on débouche sur les quais réhabilités de Pantin bordés de friches industrielles reconverties en temple de l'art et de la coolitude. Quelques coups de pédale en plus et on débouche déjà dans des zones pavillonnaires tranquilles. Au bout du chemin : 144 hectares de verdure pour une vraie bouffée d'oxygène.

Infos pratiques

DURÉE

1h-1h30

selon sa vitesse, sans compter les visites et les pauses

POINT DE DÉPART

Quai de la Marne (Paris 75019)

TRAJET

15 km

RETOUR DEPUIS

RER B Vert-Galant (25 min pour rejoindre la gare du Nord)

Attraits principaux de la balade

- Voir le paysage changer au fur et à mesure de la balade
- Prendre un bain de forêt au parc de la Poudrerie
- S'essayer au disc golf !
- L'été, s'octroyer un apéro au bord de l'eau dans une néo-guinguette

Conseils / Avant le départ

- Si vous désirez louer un vélo, pensez à le réserver à l'avance, surtout l'été, notamment le dimanche !
- Consultez l'agenda du parc de la Poudrerie pour vous inscrire aux activités : www.parcinfos.seinesaintdenis.fr/les-parcs/l-agenda/
- Avant de vous aventurer jusqu'à la galerie Thaddaeus Ropac, vérifiez la programmation en cours
- Adhésion obligatoire à La Sauge (Société d'agriculture urbaine généreuse et engagée) pour profiter de la Prairie du canal (5 € ; www.lasauge.fr)

Rendez-vous quai de la Marne dans le 19e pour commencer cette balade. L'idée ? Traverser le parc de la Villette pour filer à Pantin. Coup d'œil à droite pour admirer le bâtiment brutaliste qui héberge aujourd'hui le Centre national de la danse. Mais c'est à gauche, du côté de la mairie et des Grands Moulins, qu'on se dirige !

Pour ceux qui auraient besoin de louer un vélo : Atelier Vélo Solidaire, 38 bis quai de la Marne, Paris. 01 43 43 40 74. 9h-18h mar.-sam. en hiver et mer.-dim. en été. 15 €/jour avec casque et sacoche. Chèque caution + pièce d'identité demandés.

La Cité Fertile,

village utopiste

Le concept de tiers-lieu vous échappe encore ? Bienvenue dans cet exemple du genre qui s'est installé provisoirement sur le site d'une ancienne gare de marchandises de la SNCF. C'est grand : un hectare. C'est vert : il y a une cour végétalisée et une serre pour apprendre les rudiments du jardinage. Mais c'est surtout extrêmement ludique : entre les terrains de pétanque et de volley, la miniplage pour les enfants, la cabane de méditation, le restaurant saisonnier et le barbecue, il y a de quoi se poser quelques heures pour en arpenter le moindre recoin. Surtout que la Cité Fertile développe en parallèle une programmation culturelle, écologique et sociale ultrariche. Rien d'étonnant si le jour de votre visite, vous tombez sur une conférence environnementale ou une brocante !

14, av. Édouard Vaillant, Pantin. 01 48 43 04 60. Accès gratuit. Horaires et calendrier des événements sur le site www.citefertile.com

La galerie Thaddaeus Ropac, écrin de magnifiques expos

Galerie Thaddaeus Ropac,

l'art en mode majeur

On ne présente plus ce galeriste d'origine autrichienne qui a côtoyé Andy Warhol et Joseph Beuys à ses débuts et qui représente aujourd'hui des artistes aussi connus que Gilbert & Georges, Ron Mueck, Anselm Kiefer ou la jeune peintre britannique Rachel Jones. Installé à Paris dans le Marais depuis 1990, Thaddaeus Ropac a aussi été le premier galeriste parisien à oser franchir le périphérique en 2012. C'est là, sous la nef d'une ancienne chaudronnerie du 19e siècle de 2 000 m² éclairée de grandes verrières, qu'il s'est établi pour proposer des expositions et des œuvres monumentales que son adresse parisienne ne peut pas se permettre.

69, av. du Général Leclerc, Pantin. 01 55 89 01 10. Mar.-sam. 10h-19h. www.ropac.net

Pantin, le long du canal de l'Ourcq

Retour sur les berges du canal pour une pause déjeuner au bord de l'eau dans un des lieux les plus branchés de la ville.

Stop aux Magasins Généraux pour un brunch au Dock B

Niché dans un spectaculaire bâtiment industriel des années 1930, cet ancien squat artistique (un temps qualifié de « cathédrale du graff ») est maintenant occupé par l'agence de publicité BETC. Au rez-de-chaussée, il héberge Dock B, un lieu multiple qui fait office de coffee shop, de restaurant, de lieu d'expo et de coworking. Aux manettes, on retrouve l'équipe déjà à la tête de la Bellevilloise à Paris. Le week-end, c'est brunch. Et s'il fait beau, on emporte son assiette sur l'immense terrasse posée au bord de l'eau.

1, pl. de la Pointe, Pantin. Consulter jours et horaires sur www.dockbpantin.com

Pour connaître la programmation culturelle, riche et gratuite, des Magasins Généraux, rendez-vous sur magasinsgeneraux.com

On renfourche son vélo, objectif Sevran et le parc qu'on aborde par sa porte sud. Arrêtez-vous deux minutes sur le petit pont qui enjambe le canal : par temps clair, en regardant vers Paris, on y aperçoit le Sacré-Cœur !

La bonne idée ? S'initier au disc golf

Le parc de la Poudrerie, une mini forêt

Bol d'air

au parc de la Poudrerie

Créé en 1867, cet ancien site industriel qui a longtemps servi à produire poudres et explosifs a été réaménagé en 1982 en un véritable parc forestier de 144 hectares. Entre les mares, les pelouses, le canal et la forêt, la richesse de sa biodiversité est comparable à celle des grandes forêts. Tous les week-ends, il s'y passe quelque chose : des sorties d'éducation à l'environnement, des spectacles avec le théâtre Louis Aragon de Tremblay-en-France, des sensibilisations à l'apiculture avec la Maison des abeilles... Sur place, on trouve aussi une piste cyclable, un centre équestre, un écomusée un peu poussiéreux (mais instructif) et, plus étonnamment, un parcours de disc golf – un sport qui ressemble au golf mais qui se joue avec des genres de frisbees à la place des clubs ! Complètement gratuit, le parcours de 9 trous est accessible même aux débutants.

Entrée principale et accueil : allée Eugène Burlot, Vaujours. 01 71 29 22 70. Mai-mi-sept. : 7h30-22h ; nov.-mi-fév. : 7h30-17h30 ; le reste de l'année : 7h30-19h30.

AVEC LES ENFANTS

La Prairie du canal

Vous êtes avec des enfants et ils n'ont finalement plus envie de pédaler jusqu'à Sevran ? Motivez-les en leur parlant de poules, de fleurs et de légumes pour aller découvrir la Prairie du canal à Bobigny.

Exit l'usine qui fabriquait des Mobylettes MBK sur ce terrain bétonné de 3 000 m² situé en contrebas de la Nationale 3. Depuis 2017 et en attente d'un nouveau programme immobilier, une ferme urbaine écologique et éphémère a pris possession des lieux. Ici, tout pousse hors-sol : des tomates et du houblon dans des bacs, des champignons dans des containers, des micropousses dans des bassins d'eau et des courges sur des bottes de paille. Le jeudi, c'est le jour des bénévoles. Mais le week-end, la Prairie s'ouvre au grand public avec des concerts et des événements festifs le samedi et des ateliers pédagogiques le dimanche pour découvrir tous les visages possibles de l'agriculture en ville.

Prairie du canal, 55, rue de Paris, Bobigny. Avr.-oct. : sam. 14h-22h et dim. 12h-20h. www.canalprairie.com

Et pour le retour ?

Trois options s'offrent à vous.

1 Vous êtes fatigués, à vous le RER.

2 C'est l'été ? Le département de Seine-Saint-Denis organise des croisières régulières sur le canal qui font la navette et qui acceptent souvent les vélos.

3 Si au contraire, vous avez encore envie de pédaler, le retour en sens inverse s'impose. Objectif : finir la journée par un apéro au bord de l'eau à **La Guinguette des Grandes Serres** qui, chaque été, installe transats, sable et tables de pique-nique au pied des anciennes halles Pouchard. Ambiance champêtre garantie. En plus, c'est un des meilleurs restaurants bistronomiques de la ville qui régale, le bien-nommé Les Pantins ! Dans les assiettes : de la street food et dans les verres de la bière locale et des vins nature. Difficile de faire plus cool !

1, rue du Cheval-Blanc, Pantin. Été : mer.-dim. 16h-minuit. Entrées : 5-7 € ; plats : 7€-12 €. www.lesgrandesserresdepantin.com

Les berges de la Marne

Et au milieu coule une rivière

Synonymes de guinguettes, de régates et de congés payés, les bords de la Marne ont gardé leur charme naturel et encore sauvage. À moins de 20 kilomètres de Paris, entre les roseaux, les passerelles, le ballet des péniches, les chemins de halage, les pêcheurs et le chant des oiseaux, le charme opère immédiatement. Malgré les années, la plus longue rivière de France (525 km en tout quand même !) n'a pas usurpé sa réputation. Sauf qu'aujourd'hui les paddles et les kayaks ont remplacé depuis longtemps les barques en bois ! Tout autour, des bois et des parcs à perte de vue où la famille Menier, à la tête d'une chocolaterie monumentale, a laissé son empreinte indélébile. Des fantômes d'un passé industriel beaux à couper le souffle. Entre fun, nature et culture, la journée promet de passer à toute vitesse.

Infos pratiques

DURÉE

20-25 min
depuis la gare de l'Est

GARE D'ARRIVÉE

Chelles - Gournay

TRANSPORT

Ligne P
(Transilien)

Si vous n'avez pas votre propre vélo, voici une adresse près de la gare de l'Est (moins de 10 min à vélo) : Vélo Paris, 44 rue d'Orsel, 75018 Paris. 01 42 64 97 39. T.l.j. 9h-18h. Loc. journée : 15-20 €. www.veloparis.com

RETOUR DEPUIS

Noisiel
(RER A)

Attraits principaux de la balade

- Pédaler le long des chemins de halage
- Glisser sur l'eau à bord d'un canoë ou à bord d'un raft
- Pique-niquer au bord d'un lac
- En prendre plein les yeux dans les salles du château de Champs-sur-Marne
- Se laisser surprendre par la programmation éclectique et culturelle de la Ferme du Buisson
- S'émerveiller de la beauté architecturale des bâtiments industriels de Noisiel

Conseils / Avant le départ

→ Embarquez une bouteille d'eau

→ Prévoyez votre pique-nique du midi

→ Prenez une tenue de rechange et une serviette

→ Réservez vos places pour participer à une visite guidée de la chocolaterie

À peine arrivés en ville et voilà que vous prenez déjà la clé des champs. Objectif : rallier la commune de Vaires en gagnant les bords du canal de Chelles.

Balade champêtre le long du canal de Chelles

Parallèle à la Marne sur 9 km, le canal relie la commune de Neuilly-sur-Marne à l'est à celle de Vaires à l'ouest. Creusé en 1848, il rentre en service à partir de 1865 pour éviter aux bateaux de marchandise de rejoindre la Seine à Charenton par des détours trop nombreux : à ce niveau-là, la Marne n'est pas praticable. Depuis la gare de Chelles, tracez la route en direction de la rue Auguste Meunier. Pour admirer les ruines du moulin de Chelles qui fut détruit par deux incendies successifs en 1881 et 1895, il suffit de traverser la passerelle qui vous fait face. De là, une voie verte qui longe le canal vous mènera tout droit jusqu'au lac de Vaires. En chemin, vous apercevrez la réserve naturelle des îles de Chelles, un chapelet d'îlots de cinq hectares où s'épanouissent une cinquantaine d'espèces d'oiseaux d'eau douce.

Ruines du moulin de Chelles

Sensations fortes
à l'Île de loisirs de Vaires-Torcy

En remontant le canal de Chelles, on aborde l'île de loisirs par la commune de Vaires. Construite sur une ancienne carrière de sable, c'est devenu en 1990 un espace taillé pour les sportifs de tout poil. Ici, pas de baignade autorisée (pour ça, il faut rejoindre l'île de loisirs côté Torcy accessible via une piste cyclable), mais un immense lac de 90 hectares aménagé pour les sports de glisse : paddle, catamaran, windsurf, canoë-kayak... Mais ce serait dommage d'être là sans tester la dernière nouveauté, source de fierté et de fun : le stade nautique. Aménagé en prévision des JO de 2024, il est équipé de quatre rivières d'eaux vives. Vous n'avez encore jamais essayé le rafting ? C'est le moment ou jamais : l'UCPA y organise des baptêmes accessibles dès 10 ans (10 € pour 2 descentes). Sur place, vous trouverez aussi un open set pour le fitness et des courts de tennis.

Route de Torcy, Vaires-sur-Marne. 01 60 20 02 04. T.l.j. 9h-20h. Tarif variable en fonction des activités. www.vaires-torcy.iledeloisirs.fr

Le sport, ça creuse ! Pour se remettre de ses émotions fortes, à vous de trouver une place au soleil pour profiter d'un pique-nique que vous aurez emporté avec vous.

Si jamais vous l'avez oublié ou si la météo n'est pas si clémente le jour de votre venue, pas de panique, le site dispose aussi d'un **espace de restauration** situé tout près de l'open set. Rien d'extraordinaire mais de quoi reprendre des forces : des croques, des quiches, des pizzas (8,50 €) et des box de pâtes.

On reprend la route (attention, le trajet va être un peu plus bruyant) pour traverser la Marne et se retrouver de l'autre côté de la rive dans un coin baigné de verdure et de jardins. Et marqué par l'histoire de la famille Menier.

La Ferme du Buisson, lieu hybride qui réserve bien des surprises !

Le château de Champs-sur-Marne

Faire le tour du propriétaire
au château de Champs-sur-Marne

Quoi de commun entre *Marie-Antoinette* de Sofia Coppola, *Ridicule* de Patrice Leconte et *Le Colonel Chabert* d'Yves Angelo ? Ils font partie des 80 films qui ont posé leur caméra dans les décors incroyables de ce château et de son parc moitié anglais, moitié français de 85 hectares. C'est une des choses que l'on apprend grâce aux tablettes malicieusement installées dans chaque pièce de cette maison de plaisance édifiée entre 1703 et 1707 par l'architecte Jean-Baptiste Bullet de Chamblain. Propriété de l'État depuis 1935, elle est surtout connue pour avoir hébergé pendant deux ans la marquise de Pompadour avant de devenir la résidence présidentielle favorite de Charles de Gaulle qui y accueillit aussi bien des dictateurs africains que la Reine d'Angleterre. À l'intérieur, c'est un dédale de pièces richement meublées et décorées qui racontent trois siècles d'Histoire de France. Une fois la visite du château finie, ne repartez pas sans une balade dans son parc. Les plus motivés pourront se laisser tenter par le sentier balisé de 5 km. Et sachez que l'été, le château organise des visites guidées de son parc et de ses collections. Un conseil : pensez à réserver !

31, rue de Paris, Champs-sur-Marne. 01 64 62 74 42. T.l.j. sf mar. 10h-12h15 & 13h30-18h (17h oct.-mai). Parc : 10h-18h30 (17h30 oct.-mai). F. 1er janv., 1er mai & 25 déc. Tarif : 8 €, gratuit pour les moins de 26 ans & 1er dim. du mois. Accès gratuit au parc. www.chateau-champs-sur-marne.fr

Faire la fête à La Ferme du Buisson

Rien de mieux que cet endroit éclectique installé dans l'ancienne ferme des Menier *(voir encadré ci-contre)* pour finir la journée en beauté ! Quelle que soit l'heure, il se passe toujours quelque chose dans ce centre d'art et de culture labellisé centre national : expo, théâtre, concert, film, conférence, festival de bande-dessinée, bal ou cirque. Rien que les lieux magnifiquement réhabilités, le jardin partagé, les ruches et le caravansérail méritent de s'y attarder. Et pour ceux qui en auraient plein les pattes à la fin, bonne nouvelle : la gare RER de Noisiel est à 600 m de là, donc à quelques minutes à vélo !

Allée de la Ferme, Noisiel. 01 64 62 77 00. www.lafermedubuisson.com

HISTOIRE

Noisiel et la famille Menier

La ville ne serait pas tout à fait la même si l'industriel Jean Menier, d'abord spécialisé dans les produits pharmaceutiques avant de se concentrer sur le chocolat, n'avait pas décidé d'établir ses usines sur le site de l'ancien moulin. Fleuron de l'industrie du 19e siècle, sa chocolaterie se développe vitesse grand V modifiant peu à peu le paysage : installation d'une ferme innovante (l'actuelle Ferme du Buisson), édification d'une cité ouvrière, aménagement d'une voie de chemin de fer. Au début du 20e siècle, la famille Menier est à la tête d'un empire, qui emploie des milliers de personnes dans la région et produit chaque jour 70 tonnes de chocolat. Labellisée Ville d'art et d'histoire, Noisiel organise des visites guidées régulières pour faire revivre le Noisiel des Menier. Le site de tourisme du Grand Paris aussi via son site exploreparis.com qui propose même d'entrer dans la chocolaterie !

Tarif : 8 €, gratuit pour les moins de 6 ans. Plus d'infos : www.ville-noisiel.fr

La Coulée verte du sud parisien

Une excursion romantique entre verdure et culture

Saviez-vous qu'il existe une seconde coulée verte ? Outre la première située dans le 12e arrondissement de Paris, celle du sud parisien prend sa source à côté de la tour Montparnasse puis serpente entre parcs et jardins en direction du sud. En moins d'une heure de vélo, vous voici déjà dépaysés au cœur du domaine de la Vallée-aux-Loups, jadis peuplé de cerfs, de chevreuils, de sangliers et comme son nom l'indique, de loups. Il abrite la très belle maison de l'illustre Chateaubriand, à l'abri de l'agitation urbaine. Profitez ensuite en toute quiétude du monumental parc de Sceaux.

Infos pratiques

DURÉE

1h aller env.
sans compter les visites et les pauses

POINT DE DÉPART

Place de Catalogne (Paris)

TRAJET

14 km

Si vous n'avez pas votre propre vélo, mieux vaut en louer un à la journée (peu de stations Vélib sur l'itinéraire proposé).
Quelques loueurs : www.ecitybikes.fr ; okcaroule.fr ; parisbiketour.net/location-velo-paris/

RETOUR

À vélo si vous avez encore de l'énergie ou depuis la station Sceaux ou Parc de Sceaux (RER B)

Attraits principaux de la balade

- Découvrir la Coulée verte du sud parisien sans passer trop de temps sur son vélo
- Rendre visite à l'auteur Chateaubriand dans sa superbe maison
- Apprécier la flore de l'arboretum et du parc de Sceaux
- Un parfait alliage entre sport, culture et nature.

Conseils / Avant le départ

→ N'oubliez pas d'apporter de l'eau

→ Munissez-vous de bonnes chaussures car vous allez devoir à la fois pédaler et marcher

→ Pensez à arriver dès l'ouverture au salon de thé Les Thés Brillants pour trouver de la place en terrasse

Top départ depuis la place de Catalogne dans le 14e pour rejoindre, en 50 minutes de vélo le long de la Coulée verte du sud parisien, votre premier arrêt et non des moindres : la maison du célèbre auteur François-René de Chateaubriand.

La sereine demeure de l'écrivain

Maison de Chateaubriand,

un lieu de mémoire romantique

Chassé de Paris pour avoir critiqué Napoléon, François-René de Chateaubriand se réfugie dans le domaine de la Vallée-des-Loups de 1807 à 1817. Ce qui n'est alors qu'une maison de jardinier deviendra, sous l'impulsion de l'auteur et de son épouse Céleste, une très belle demeure, dans laquelle il s'adonne à l'écriture. C'est d'ailleurs en ces lieux que Chateaubriand trouve l'inspiration pour y commencer la rédaction des *Mémoires d'outre-tombe*. Si le « grand-père du romantisme » n'y a vécu que dix ans, le culte autour de l'homme a permis de préserver la beauté du domaine que ce dernier avait façonné. À l'intérieur de la maison, la mémoire de la carrière littéraire et politique de Chateaubriand prend vie au gré des pièces et dans de multiples détails, dans les papiers peints, tissus et meubles d'époque. Il est alors aisé d'imaginer l'auteur en pleine conversation dans l'un de ses deux salons ou descendant l'escalier bateau à double branche (un hommage à sa ville natale de Saint-Malo) pour accueillir chaleureusement ses visiteurs. Faites un tour dans le domaine pour une jolie promenade.

87, rue de Chateaubriand, Châtenay-Malabry. Mars-oct. : t.l.j. sf lun. 10h-12h & 13h-18h30 ; nov.-fév. : t.l.j. sf lun. 10h-12h & 13h-17h. Tarif plein : 4 € ou 5 € (s'il y a une expo), supplément de 2 € pour la vis. guidée, gratuit pour les moins de 26 ans & 1er dim. du mois. Parc de la maison de Chateaubriand : mars-oct. t.l.j. 9h-19h ; nov.-fév. 9h-17h. vallee-aux-loups.hauts-de-seine.fr

Après cette matinée littéraire, rendez-vous dans l'ancienne orangerie de Chateaubriand pour un déjeuner dans un écrin romantique doté d'une terrasse des plus séduisantes et verdoyantes.

Une pause verdoyante au Thés Brillants

Ce salon de thé est une adresse raffinée que vous aimeriez sûrement garder secrète. Installé confortablement avec un chocolat chaud et une pâtisserie maison sous la véranda en hiver ou avec un thé et une tartine à l'ombre des parasols dans le jardin en été, vous pourrez à votre guise apprécier le cadre romantique du domaine et pourquoi pas vous atteler à l'écriture solitaire d'un roman tel Chateaubriand. Le dimanche, Les Thés Brillants propose un appétissant brunch sucré-salé qui satisfera tous les appétits, à condition de trouver une table libre car la charmante terrasse est naturellement prise d'assaut. Un conseil : venez tôt, de préférence dès l'ouverture à 11h.

Même adresse que la maison de Chateaubriand. Mars-oct. : mer.-dim. 11h-18h30 ; nov.-fév. : mer.-dim. 11h-16h30. Carte : plat du jour + 1 tasse de thé 13,50 €, plat du jour + thé à volonté 17,50 € (+ dessert 19,50 €), brunch 25 €. vallee-aux-loups.hauts-de-seine.fr/services/restauration

À deux pas de la maison, le joli salon de thé

Après avoir bien pédalé durant la matinée, votre après-midi est nettement plus reposant et vous n'effectuerez que quelques minutes à vélo pour rejoindre les différents points d'intérêt. Au programme : de la verdure et de la verdure... du parc botanique de l'arboretum aux grandes pelouses avec perspective au parc de Sceaux. À vos vélos !

L'arboretum de la Vallée-aux-Loups,

un parc botanique pittoresque

Juste en face de la maison de Chateaubriand s'étend un arboretum chatoyant aux essences d'arbres et d'espèces de fleurs rares, parfois exotiques. Conçu au 18e siècle comme un jardin anglais, ce parc botanique de 12 hectares séduira tous les amoureux des plantes. Il abrite pas moins de 500 espèces d'arbres et d'arbustes donc deux arbres estampillés du label Arbre remarquable de France, un cèdre bleu pleureur de l'Atlas et un chêne à feuilles de myrsine. De part et d'autre de l'arboretum sont aménagés des jardins à thème tels que le jardin des fruits, le jardin de l'automne flamboyant ou encore le jardin des écorces et des feuillaisons. À chaque extrémité du parc, deux serres abritent des joyaux d'horticulture : l'une présente une collection d'impressionnants bonsaïs et la seconde possède une belle sélection de convolvulacées, une famille de grimpants. Le site est également pourvu de curiosités architecturales comme une maison mauresque, des ruches, une fontaine romantique, une cabane sur pilotis ou encore une île sur le lac. Une ode à la nature et une invitation à la rêverie à ne manquer sous aucun prétexte !

102, rue de Chateaubriand, Châtenay-Malabry. 01 49 73 20 63. T.l.j. : mars & oct. 10h-18h, avr.-sept. 10h-19h, nov.-fév. 10h-17h. Entrée libre. vallee-aux-loups.hauts-de-seine.fr

Promenade florale et historique

au parc de Sceaux

Avec ses 180 hectares (soit 8 fois le jardin du Luxembourg), le parc de Sceaux est considéré comme l'un des plus beaux espaces verts du Grand Paris, à seulement dix minutes en vélo de la Vallée-aux-Loups. Ses pelouses gigantesques et ses sentiers boisés invitent à une paisible déambulation, bien loin des foules urbaines. Autres atouts, les jardins dessinés par Le Nôtre, les Grandes Cascades, le Grand Canal, une aire de jeux en bois pour les enfants et surtout un bosquet planté de cerisiers qui bourgeonnent au printemps. Beaucoup de Japonais se réunissent d'ailleurs sous ces arbres pour y célébrer la fête traditionnelle, l'*hanami*, tandis que les amateurs de fleurs jouissent eux aussi de ce paysage féerique teinté de rose. Pour les férus d'histoire, le musée-château possède une riche collection de peintures, de sculptures, de mobilier et d'objets d'art dont la plupart témoignent du goût français, de Louis XIV à Napoléon III.

8, av. Claude Perrault, Sceaux. Parc : t.l.j. janv. & nov.-déc. 8h-17h, fév. 8h-18h, mars. 7h30-19h, avr. 7h-20h30, mai-juil. 7h-21h, août 7h-20h30, sept. 7h30-20h, oct. 8h-19h (puis 17h). Musée : t.l.j. sf lun. mars-oct. 14h-18h30, nov.-fév. 13h-17h. F. 15 premiers jours de janv. Tarif collections permanentes : 4 € (2 € suppl. vis. guidée), gratuit pour les moins de 18 ans & 1er dim. du mois. domaine-de-sceaux.hauts-de-seine.fr

Floraison des cerisiers au parc de Sceaux

Le château du 19e siècle abrite désormais un musée

La vallée de Chevreuse

Une épopée de château en château

Aujourd'hui, votre virée vous emmène cheminer à vélo dans l'un des quatre parcs naturels régionaux d'Île-de-France, en Haute Vallée de Chevreuse. En quelques coups de pédales, vous découvrirez trois châteaux et le patrimoine médiéval de la ville de Chevreuse. L'occasion de se croire presque en vacances en longeant des champs à perte de vue et en traversant des villages de caractère, le tout à moins d'une heure de Paris.

Infos pratiques

DURÉE

50 min
depuis Châtelet - Les Halles

GARE D'ARRIVÉE

Saint-Rémy-lès-Chevreuse

TRANSPORT

Ligne B
(RER)

RETOUR DEPUIS

Saint-Rémy-lès-Chevreuse

Attraits principaux de la balade

- S'offrir une tranche d'histoire médiévale au château de la Madeleine
- Redécouvrir en version animée les contes de Perrault au château de Breteuil
- Acheter des produits de la ferme directement au producteur
- Retomber en enfance en sirotant un sirop de fabrication 100 % artisanale

Conseils / Avant le départ

→ Demandez une pochette fixée au vélo au loueur L'Aiguillage pour pouvoir y glisser votre smartphone et regarder en temps réel votre GPS

→ Réservez en avance l'atelier de découverte du métier d'artisan siropier et de fabrication de votre sirop chez l'Alchimisto

→ Commandez en amont vos produits à récupérer en click & collect si la boutique de la ferme de Coubertin est fermée (le dimanche notamment)

À 100 m de la sortie du RER, louez votre vélo à L'Aiguillage. On ne saurait que vous conseiller de privilégier un vélo à assistance électrique pour découvrir en douceur la vallée de Chevreuse, mais les plus sportifs pourront apprécier les efforts en VTT. Votre journée débute sur les chapeaux de roue avec la visite du château de la Madeleine. Attention, ça grimpe à l'arrivée mais la vue sur Chevreuse en vaut largement la peine !

L'Aiguillage, 30, rue de la République, Saint-Rémy-lès-Chevreuse. 01 34 60 14 45. Mar. & jeu., 9h-13h, mer. & ven.-dim. 10h-13h et 14h-19h. Tarif journée vélo adulte : VTC 15 €, VTT 25 €, vélo électrique 20-55 €. www.laiguillage-tourisme-mobilite.fr

Le château de la Madeleine, forteresse médiévale

Vue sur la ville de Chevreuse et la vallée de l'Yvette depuis le château de la Madeleine

Château de la Madeleine,

une forteresse à l'histoire tumultueuse

Perché sur les hauteurs de Chevreuse, le château de la Madeleine offre une sublime vue qui plonge sur la vallée de l'Yvette. Construite entre le 11e et le 14e siècle, cette forteresse encore dotée de son donjon et de ses remparts permet de se plonger au cœur d'une histoire pour le moins mouvementée. C'est en descendant dans les caves médiévales que vous apprendrez, en arpentant l'exposition et sa reproduction d'objets, que le château fut un témoin majeur de la guerre de Cent Ans et des guerres de Religion.

Chemin Jean Racine, Chevreuse. Avr.-sept. : mar.-dim. 11h-20h ; oct.-mars : 11h-18h. Entrée libre. Livret jeu-découverte pour les enfants délivré à l'accueil.

Il est temps de redescendre dans la ville de Chevreuse pour un repas gastronomique au pied de la cheminée ou dans la cour fleurie. Avant de repartir sur les routes vallonnées, offrez-vous une promenade digestive. La balade des Petits Ponts longe les bords de l'Yvette et donne à voir les derniers vestiges d'anciennes tanneries.

Le Clos de Chevreuse,

une cuisine raffinée

Après avoir servi sept ans au prestigieux Bristol, le chef Laurent Gasnier concocte au Clos de Chevreuse une cuisine soignée, de saison et de préférence locale, à l'image des escargots provenant de la ferme de Fanon située à proximité. Pluma de cochon ibérique, Bellota aux légumes du Sud ou duo de gambas et chipiron avec son risotto, les mets se dégustent blotti au coin du feu quand le temps rafraîchit ou au soleil sur la terrasse dès les beaux jours.

33, rue de Rambouillet, Chevreuse.
Lun. & jeu.-ven. 12h-14h et 19h30-21h30, mar. & dim. 12h-14h, sam. 12h-14h et 19h45-22h.
Menu déjeuner semaine (entrée, plat, dessert – plat unique avec produits du marché de saison) : 30 € ; menu à la carte aux choix (entrée, plat, dessert) : 51 €. Facebook : LeClosDeChevreuse

Libre à vous d'enchaîner les adresses ou de faire un choix pour prendre davantage le temps. Débutez par exemple avec une pause fraîcheur en goûtant un sirop au goût pas banal puis laissez-vous conter les histoires de Perrault après une vingtaine de minutes de vélo. Vous pouvez aussi prendre l'air dans le domaine de Dampierre, avant de passer à la ferme pour faire le plein de produits locaux et de rendre votre vélo cinq minutes plus tard.

L'Alchimiste :

entrez dans le laboratoire du seul siropier d'Île-de-France

Au pied du château médiéval de la Madeleine, Marc Chenue exerce un métier hors du commun datant d'aussi loin que le Moyen Âge : siropier. Cet alchimiste concocte d'authentiques sirops aux goûts plus originaux les uns que les autres et remarquablement savoureux, obtenus par l'essence même de la plante ou du fruit. Plutôt lavande, hibiscus, poivre de Tasmanie, café à la cardamome ou plus classique comme citron ou menthe ? Le plus dur sera de choisir ! Heureusement, Marc est de bon conseil et partage ses astuces culinaires pour utiliser votre sirop à bon escient : en sirop à l'eau certes mais également pour agrémenter les cocktails et même les plats ! Et dire que vous n'aviez jamais soupçonné que votre sirop d'enfance à la grenadine pouvait s'utiliser en cuisine.

9, rue Lalande, Chevreuse. 01 30 45 18 87.
Bar à sirops mer.-dim. 10h-12h30 & 14h-19h.
Goûter (aux beaux jours sur la terrasse) : 7,50 € (1 boisson et 1 sucrerie). Atelier de fabrication de sirop : 1 fois/mois, à réserver à l'avance.
lalchimiste-artisan-siropier.com

Domaine de Dampierre-en-Yvelines,

la folie des grandeurs

Jardin à la française dessiné par Le Nôtre, parc floral à l'anglaise tapissé de narcisses et de tulipes, forêt peuplée de daims et de sangliers, étang bordé d'arbres centenaires, il y a de quoi faire au domaine de Dampierre, à 15 minutes seulement du centre de Chevreuse. Il s'étend sur 400 hectares dont 90 de jardins à arpenter à pied, en calèche, en rosalie ou en voiturette électrique. C'est dans ce cadre enchanteur que Sofia Coppola tourna, en partie, le film *Marie-Antoinette*. Enfin, faites halte dans un lieu pas comme les autres, un authentique cabinet de curiosité laissé dans son pur jus. Pierres précieuses, squelettes de dinosaures, animaux empaillés révèlent leurs attributs lors d'une palpitante visite guidée. Un conseil, portez votre regard dans toutes les directions pour ne manquer aucune curiosité, du plafond richement peint à la tête réduite du peuple amérindien Shuar.

2, Grande Rue, Dampierre-en-Yvelines.
Fin mars-déc. : mar.-ven. 10h-17h30, sam.-dim. 10h-18h30. Tarif plein : 8 €, gratuit pour les moins de 7 ans. Location et tour en calèche en supp.
www.domaine-dampierre.com

Le château de Breteuil

Les contes de Perrault prennent vie

au château de Breteuil

Quel est le point commun entre ce château et l'univers de Charles Perrault ? Indice : l'écrivain fut le bras droit de Louis de Breteuil, contrôleur des finances de Louis XIV. *Le Petit Chaperon rouge, Cendrillon, Le Chat botté, Le Petit Poucet,* les plus célèbres histoires de Perrault se racontent en automates animés dans les dépendances du château, pour le bonheur des petits et des grands.

N'oubliez pas pour autant de pénétrer au sein même du château de Breteuil pour sonder l'histoire d'une famille qui a servi les rois de France. De pièce en pièce, vous ferez connaissance avec 50 personnages de cires du musée Grévin dont Marie-Antoinette, Voltaire, Marcel Proust ou encore Madame du Châtelet, une femme de lettres et de sciences en avance sur son époque. S'il vous reste un peu de temps, perdez-vous dans le labyrinthe adjacent aux jardins floraux ou jouez au détective lors d'un escape game.

Choisel. Parc & dépendances : t.l.j. 10h-19h. Château avec vis. commentée (résa uniquement sur place) : lun.-sam. 14h30-17h30, dim., j.f. & vac. scol. 11h30-12h30 & 14h30-17h30. Tarif plein jardins et scènes de contes :11,50 €, réduit 10,50 €. Tarif plein avec vis. du château en plus : 17,50 €, réduit 14,50-15,50 €. Gratuit pour les moins de 5 ans. Escape game : résa en avance sur le site Internet. Jeu de piste et coloriages pour les enfants donnés à l'accueil. www.breteuil.fr

Le labyrinthe aux mille buis, dans le parc du château

Scène du conte *Barbe-Bleue*, château de Breteuil

Ferme de Coubertin :

du fromage *made in* vallée de Chevreuse

60 vaches laitières, 38 chèvres et des lapins : bienvenue à la ferme familiale de Coubertin ! Vous pouvez à votre guise approcher les animaux de la ferme élevés au grand air (à partir de 15h30) et apprendre les différentes étapes de la fabrication d'un fromage. D'ailleurs, la ferme propose à la vente ses fromages frais et laitages, et une épicerie fine de producteurs locaux. L'occasion de se faire plaisir et ne pas repartir les mains vides en payant en plus le juste prix, directement du producteur au consommateur.

Chemin de Coubertin, Saint-Rémy-lès-Chevreuse. Avr.-juin & sept.-oct. : lun.-mar. 16h-19h, mer.-ven. 9h-10h30 & 16h-19h, sam. 9h-12h & 15h30-19h. Juil.-août : lun.-ven. 16h-19h, sam. 9h-12h & 15h30-19h. Nov.-mars : lun.-mar. 16h-18h30, mer.-ven. 9h-10h30 & 16h-18h30, sam. 9h-12h & 15h30-18h30. F. dim. & j.f. www.ferme-de-coubertin.fr

Click & Collect : commande des produits 24h en amont pour la semaine et 48h pour le week-end, à récupérer à l'extérieur de la boutique dans le casier prévu à cet effet.

De Chatou à Conflans-Sainte-Honorine

Tours de roues en bord de Seine

De l'île des Impressionnistes à la capitale de la batellerie, un itinéraire tout en douceur déroule ses pistes cyclables le long de la Seine. Il correspond à une portion de la Seine à vélo, une nouvelle véloroute qui mène de Paris au Havre. Le regard se perd dans les sous-bois des rives encore épargnées par l'urbanisation, sur les façades cossues des maisons du Vésinet ou flâne dans le sillage des péniches naviguant nonchalamment sur le fleuve. On multiplie les pauses bucoliques du côté de La Frette-sur-Seine et d'Herblay-sur-Seine, dans les pas des peintres, avant d'atteindre Conflans-Sainte-Honorine, où l'on appréciera, même si les mollets en souffriront un peu, de prendre de la hauteur pour une superbe vue sur la vallée de la Seine.

Infos pratiques

DURÉE

30 min
depuis Châtelet - Les Halles

GARE D'ARRIVÉE

Chatou - Croissy

TRANSPORT

Ligne A
(RER)

RETOUR DEPUIS

Conflans-Fin-d'Oise

Attraits principaux de la balade

- Aucune difficulté de terrain : le trajet est plat ou presque
- Des paysages bucoliques à souhait du côté de La Frette-sur-Seine et d'Herblay-sur-Seine
- Les aménagements des quais de Seine ont été refaits à Sartrouville, Herblay ou Conflans. Un seul passage difficile : à Cormeilles-en-Parisis, à l'emplacement de la future marina

Conseils / Avant le départ

→ Mieux vaut venir avec votre propre vélo ou le louer à votre point de départ, car il n'y a aucun loueur opérant sur l'ensemble de l'itinéraire présenté ci-après. Pensez à apporter de l'eau

→ Pensez à emmener un plaid que vous jetterez sur l'herbe pour vous y allonger et regarder passer les nuages ou les péniches : les bords de Seine regorgent d'endroits propices à une petite pause

→ Des jumelles peuvent être utiles pour guetter les rives opposées, plus sauvages à certains endroits, et où peuvent être observés oiseaux, loutres…

→ La réservation est conseillée pour la visite du musée Fournaise sur l'île des Impressionnistes et pour les tables en terrasse au resto La Maison du Passeur

Commencez la journée par la visite du musée Fournaise, véritable immersion au temps des impressionnistes, puis allez vous perdre au hasard des rues sinueuses du Vésinet avant de suivre la Seine jusqu'à Herblay.

Info vélo :

Remontez en dir. du Vésinet en suivant sur l'av. du Maréchal Foch la piste cyclable matérialisée sur le trottoir. Quittez la départementale au niveau de l'hôtel de police, en prenant à droite le bd des États-Unis, puis descendez l'allée du Grand Veneur jusqu'au parc des Ibis.

Vivre au temps des peintres impressionnistes au musée Fournaise

Entièrement repensée pour le 100e anniversaire de la mort d'Auguste Renoir en 2019, l'exposition du musée Fournaise offre une expérience immersive particulièrement réussie. À travers les différents thèmes d'une scénographie très interactive qui passionnera autant les grands que les petits, on prend conscience de ce qu'était Chatou à la fin du 19e siècle, on s'attarde comme tout un chacun au restaurant de M. Fournaise, grand amateur d'art, dont l'établissement était devenu le rendez-vous des peintres en herbe, mais on touche également du doigt la dure réalité quotidienne des impressionnistes, les « avant-gardistes » de leur époque, et leurs difficultés à se faire reconnaître. Un parcours muséographique passionnant, riche en informations, en humour et en expériences virtuelles !

Île des Impressionnistes, Chatou. 01 34 80 63 22. Mer.-ven. 10h-12h30 & 14h-18h, sam.-dim. 10h30-13h30 & 14h-18h. Tarif : 9 €. Résa conseillée. www.musee-fournaise.com

Se perdre dans Le Vésinet, une ville construite dans un parc

Il n'y a pas d'itinéraire particulier à suivre au Vésinet, mais juste une information à retenir : les rues sont sinueuses, souvent en courbe, et il est facile de tourner en rond ou de perdre son sens de l'orientation. Branchez le GPS ! Pour le reste, ne vous privez pas d'aller vous perdre au hasard dans cette ville édifiée

Lac des Ibis au Vésinet

comme un gigantesque parc sur un ancien domaine de chasse et comptant plus de 30 ha d'espaces verts : étendues de pelouse et petits bois entourent ainsi plusieurs lacs artificiels reliés entre eux par des canaux et bordés de belles maisons de caractère construites au 19e et au début du 20e siècle. Allez absolument faire le tour du lac des Ibis, véritable joyau de la ville et grand rendez-vous des promenades dominicales.

Bord de Seine à Herblay

Info vélo :

Quittez le parc des Ibis par la rue du Lévrier, suivez la rue des Merlettes puis, à gauche l'avenue Salengro. Devant le parc des Sports, prenez à droite et rejoignez les bords de Seine par un sentier à gauche au niveau du panneau de sortie de ville de Montesson. Filez en dir. de la Frette-sur-Seine. Attention, un passage difficile vous attend au niveau de Cormeilles-en-Parisis, où une ancienne usine est en cours de démolition pour faire place à une marina d'ici quelques années. Il n'y a malheureusement pas d'alternative à ces quelques centaines de mètres sur lesquels nous vous recommandons évidemment la prudence.

Ambiance bucolique à la Frette-sur-Seine

La Frette-sur-Seine se distingue par son caractère champêtre et la verdure omniprésente. Les saules pleureurs, qui alternent avec les cerisiers du japon, les platanes et les lilas, dont les fleurs ont longtemps alimenté l'économie locale, ont vu défiler des générations de peintres : Cézanne, Daubigny, Ikor, Marquet... Un parcours a d'ailleurs été mis en place, présentant les différents tableaux de ces artistes de passage ou résidents que les paysages bucoliques de la Frette ont inspirés. Prenez le temps de vous détendre les jambes au niveau de l'église pour profiter de jolies vues sur le fleuve. À partir de l'entrée dans Herblay, une piste cyclable est aménagée sur le quai. Quelques centaines de mètres vous séparent encore de la pause déjeuner.

Le passeur

Entre avril et octobre, au niveau de l'église de la Frette-sur-Seine, un bac permet de franchir le fleuve pour aller marcher ou pédaler sur la rive opposée, inhabitée et sauvage. En remontant la rive gauche, on trouvera un second bac, au niveau d'Herblay, pour revenir sur la rive droite au niveau de la maison du passeur (gratuit, petit pourboire bienvenu).

Après cette longue matinée culturelle et sportive, offrez-vous un déjeuner tardif à Herblay, face à la Seine. Réservation recommandée aux beaux jours pour avoir les meilleures places en terrasse.

Pause gourmande à La Maison du Passeur

La terrasse aménagée face au petit embarcadère du passeur est une invitation à la pause. On s'installe en terrasse pour commander de généreuses planches de charcuterie et de fromages qu'accompagnent des étiquettes bien sélectionnées. L'ambiance est conviviale, mêlant autant d'habitués que de gens de passage entre amis ou en famille. On profite du cadre face au soleil, en regardant passer les péniches sous son nez, avant de reprendre la route. En remontant en selle, notez la très belle demeure mauresque au coin du quai du Génie et de la rue du Val : elle fut construite par le peintre orientaliste Victor Madeleine, qui en dessina lui-même la plupart des décorations.

1, quai du Génie, Herblay-sur-Seine. 06 07 55 02 82. Mer.-ven. & lun. 14h-minuit, sam.-dim. 11h-minuit. Planches 20 € pour 2 pers.

Péniches amarrées à Conflans

Conflans-Sainte-Honorine

Reprenez la route : vous aurez le temps de vous ménager un petit temps de repos sur le tronçon piéton des quais de Seine, puis de filer jusqu'à Conflans toujours en suivant les quais. En fin de journée la visite du musée de la Batellerie vous permettra d'analyser autrement les paysages que vous aurez vu défiler dans la journée.

Info vélo :
Pour éviter de monter à vélo jusqu'au musée, parquez vos vélos sur la berge à proximité des remorqueurs du musée, puis montez à pied en suivant les ruelles du vieux Conflans.

Le musée de la Batellerie

ou comment savoir décrypter le paysage

Aménagé dans une ancienne demeure bourgeoise dominant la Seine, ce musée consiste en un alignement de maquettes de bateaux et d'écluses, de photographies d'époque et d'images d'école que l'on découvre avec amusement. Peu à peu, l'œil s'aiguise et le sujet devient moins léger : l'exposition fait vite la part belle aux contraintes techniques et naturelles qui dictent l'aménagement d'un fleuve, et aux modifications que celui-ci apporte dans le paysage rural ou urbain. De quoi lire et décrypter plus facilement les bords de Seine ! Le musée ouvre sur un vaste parc offrant de belles vues sur le fleuve et les péniches massées tout le long de la rive.

Le bel édifice abritant le musée de la Batellerie

3, pl. Jules-Gévelot, Conflans-Sainte-Honorine. 01 34 90 39 50. Mar., jeu. & sam.-dim. 10h-12h & 14h-17h30, mer. & ven. 14h-17h30. Tarif : 5 €, gratuit pour les moins de 4 ans. www.musee-batellerie-conflans.fr.

Info vélo :
Reprenez les quais de Seine et passez sous le pont de la Nationale, puis à droite dans la rue Léon et ses prolongements jusqu'à rejoindre la gare de Conflans-Fin-d'Oise.

Informations pratiques

Toute l'Île-de-France sur les rails !

Les 15 premières destinations de ce guide, que l'on découvre à pied, sont toutes accessibles en transport en commun. Un passe Navigo® vous permet de rejoindre toutes les gares de départ et de retour, à l'exception de la balade à Chantilly, pour laquelle un coût supplémentaire sera appliqué.

Les passes Navigo® sont délivrés aux résidents de l'Île-de-France et se déclinent en formule mensuelle ou en abonnement annuel. Si vous n'êtes pas usager des transports en commun franciliens, pensez au passe Navigo Jour. Il est facturé 7,50 € pour un déplacement entre 2 zones continues (1-2, 2-3, 3-4 et 4-5) ; 10 € pour circuler entre les zones 1-3, 2-4 et 3-5 ; 12,40 € pour circuler entre les zones 1-4 et 2-5 ; et jusqu'à 17,80 € pour circuler librement dans les 5 zones. Il est utilisable dans les six jours suivant sont achat et est valable jusqu'à minuit une fois validé une première fois, quelle que soit l'heure de validation.

Enfin, vous pouvez désormais recharger votre passe Navigo® directement depuis votre téléphone grâce à l'application Île-de-France Mobilités.

> Plus d'infos sur www.iledefrance-mobilites.fr & www.ratp.fr

Place aux cyclistes

Pour les escapades à vélo, vous serez peut-être amené à circuler en métro, RER ou train avec votre propre bicyclette. Dans ce cas sachez qu'il existe quelques règles à respecter. Dans le métro, les vélos ne sont autorisés que sur la ligne 1, les dimanches et jours fériés jusqu'à 16h30. Veillez à planifier votre retour en fonction de cet horaire. En RER et dans le Transilien, les vélos sont acceptés tout le week-end et les jours fériés sur toutes les lignes et doivent être stockés sur les plateformes signalées par le pictogramme « Vélo » à l'entrée du wagon. Les autres jours, ils ne sont tolérés qu'en dehors des heures de pointe (avant 6h30, entre 9h et 16h30 et après 19h). Dans tous les cas, un contrôleur peut vous interdire l'accès au wagon s'il juge qu'il y a déjà trop de vélos dans le train.

Quelques conseils pratiques

- Prévoyez du temps pour rejoindre votre point de départ. À l'entrée et à la sortie des gares, comme dans les correspondances, il est interdit d'emprunter les Escalator avec un vélo.
- Tous les wagons n'acceptent pas les vélos. Une fois votre train à quai, il faudra trouver ceux qui ont le pictogramme « Vélo » au niveau des portes d'entrée.
- Si les vélos sont bannis aux heures de pointe de bureau, ils sont beaucoup plus nombreux aux heures de loisirs et le week-end. Ne vous levez pas de votre siège au dernier moment pour récupérer votre vélo : d'autres seront peut-être venus se poser dessus au fil du trajet.

Index thématique

Retrouvez les articles d'Enlarge Your Paris en scannant les QR codes

A

Activités sportives & loisirs

B

Balades

> Encore plus d'idées pour profiter de Saint-Germain-en-Laye !

> Pour prolonger la balade sur l'île Monsieur et dans le domaine de Saint-Cloud jusqu'à Versailles, rendez-vous ici !

> Et même au-delà de Saint-Denis, explorez le 93 grâce aux conseils d'un passionné

> Découvrez le topoguide qui vous entraîne dans les pas des impressionnistes

C

Châteaux

> Un petit extra au château de Chantilly ? Apprenez à monter la crème éponyme

E

Églises

Musées & galeries

P

Parcs & jardins

> Pour en savoir plus sur le bois de Vincennes

> Admirez la floraison des cerisiers au parc de Sceaux

> Découvrez le topoguide qui vous emmène dans la forêt domaniale de Versailles et sur le GR11

R

Restaurants & cafés

S

Shopping

Crédits photographiques

Adobe Stock

© AlcelVision : 72 ; © arnaudmartinez : 112 (c. d.) ; © elophotos : 138 ; © foxytoul : 114 ; © hassan bensliman : 55 ; © isabelle dupont : 92, 142 ; © Jan Kaszuba : 119 (c. g.) ; © Jean-Paul Bounine : 47 (c. g.) ; © Jérôme Labouyrie : 102 (c. d.) ; © Leonid Andronov : 59 ; © Lsantilli : 68 (ht d.) ; © MaratYakhin : 84 ; © Marco Martins : 25 ; © Mariana : 133 (c. d.) ; © PackShot : 66 (ht d.), 66 (b. g.), 91 (ht d.), 136 (b. g), 144 (b. g) ; © Philippe Prudhomme : 46 ; © Studio Laure : 145 © UlyssePixel : 78 (b. d.), 133 (b. g).

Hemis.fr

© CHICUREL Arnaud : 99 (b. g.), 110, 126 (c. g.) ; © ESCUDERO Patrick : 52 ; © GARDEL Bertrand : 24 (c. g.), 24 (ht d.), 30, 62 (b. g.), 62 (b. d.), 86, 87, 111 (c. d.), 119 (b. g.) ; © GUIZIOU Franck : 78 (c. g.) ; © MAISANT Ludovic : 111 (ht g.) ; © MOREAU Laurent : 136 (ht d.) ; © MOULU Philippe : 34, 124, 126 (ht d.), 131, 143 ; © RIEGER Bertrand : 54 (c. g.), 106, 120 (c. g.) ; © SONNET Sylvain : 73 (c. d.) : 74.

Photononstop

© Brigitte Merle : 36

Shutterstock

© Anton_Ivanov : 113 ; © Diego Trabucco : 120 (ht d.) ; © Everett Collection : 93 ; © igrik : 73 (ht g.) ; © Kiev.Victor : 31, 112 (c. g.), 130 ; © Mike_O : 99 (b. d.) ; © Nadiia_foto : 54 (ht d.) ; © nikjuzaili : 41 (b.) ; © noriox : 96 ; © olrat : 42 ; © Pack-Shot : 68 (b. d.), 91 (c. g.), 105 (b. g.), 139 (b. g.), 139 (b. d.), 144 (c. d.) ; © phototort 77 : 60 ; © Rob Pauley : 105 (b. d.) ; © Thomas Leparmentier : 28 ; © tuulijumala : 41 (ht) ; © vero freud : 47 (ht d.) ; © Vlasyuk Inna : 58.

© E. Lézénès : 102 (b. g.)

Nous adressons nos remerciements à la **Galerie Thaddaeus Ropac** de nous avoir permis de reproduire la photographie : © Philippe Servent / Galerie Thaddaeus Ropac, London • Paris • Salzburg : 118.

Auteurs : les journalistes d'Enlarge your Paris avec Solenn Cordroc'h, Céline Faucon et Hervé Kerros

Direction : Sidonie Chollet
Direction éditoriale : Cécile Petiau
Édition : Émilie Lézénès

Création graphique et couverture : Elsa Antoine
Illustrations : Elsa Antoine

Lecture-correction : Emmanuelle Fernandez
Fabrication : Liza Sacco
Ont également collaboré : Chrystel Arnould et Joséphine Bonneau

Contact presse : rmazef@hachette-livre.fr – 01 43 92 36 66
Contact publicité : partenariat-tourisme@hachette-livre.fr

Édité par Hachette Livre (58, rue Jean-Bleuzen, CS 70007, 92178 Vanves Cedex)
Imprimé en Espagne par Graficas Estella
Achevé d'imprimer : mai 2021 – Dépôt légal : mai 2021
ISBN : 978-2-01-395902-5
38-1165-3
Édition : 01